文普
化华

PUHUA BOOKS

我们一起解决问题

[英] 艾伦·菲尔韦德（Alan Fairweather）◎ 著

李敏 ◎ 译

学会 与难打交道的人 打交道

How to Manage
Difficult People

人民邮电出版社
北京

图书在版编目（CIP）数据

学会与难打交道的人打交道 ／（英）艾伦·菲尔韦德
(Alan Fairweather) 著；李敏译. -- 北京：人民邮电
出版社，2018.12（2022.2重印）
 ISBN 978-7-115-49587-7

Ⅰ. ①学… Ⅱ. ①艾… ②李… Ⅲ. ①心理交往－通
俗读物 Ⅳ. ①C912.11-49

中国版本图书馆CIP数据核字(2018)第228790号

内容提要

日常生活中，每个人都会遇到难打交道的人，如果是工作中的同事、客户，还可以换个工作，但如果那个人是你亲近的人，甚至是你的父母，又当如何面对？

《学会与难打交道的人打交道》一书中的方法，是作者从十几年的实际管理工作经验中总结、提炼，结合心理学原理的实际应用，经过多次授课完善的：从识别难打交道的人、改变不喜欢的行为模式，到运用成长型思维框架、未雨绸缪，再到打造自己的说服力，最终运用策略，自如地与身边各类难打交道的人打交道。不贴标签，便不会自证预言。看行为模式及相互影响，便能够从主体间的互动中真正找到解决问题的钥匙。

本书适合希望提高自己与人打交道能力的各类人士。

◆　　著　　［英］艾伦·菲尔韦德（Alan Fairweather）
　　　　译　李　敏
　　责任编辑　柳小红
　　责任印制　焦志炜

◆ 人民邮电出版社出版发行　　北京市丰台区成寿寺路 11 号
　　邮编 100164　　电子邮件 315@ptpress.com.cn
　　网址 https://www.ptpress.com.cn
　　涿州市京南印刷厂印刷

◆ 开本：880×1230　1/32
　　印张：7.75　　　　　　　　　　2018 年 12 月第 1 版
　　字数：160 千字　　　　　　　2022 年 2 月河北第 4 次印刷

著作权合同登记号　图字：01-2018-3268 号

定　价：49.00 元

读者服务热线：（010）81055656　印装质量热线：（010）81055316
反盗版热线：（010）81055315

广告经营许可证：京东市监广登字 20170147 号

脑外科手术——简单；火箭科学——像在公园散步一样；航空管理——容易！我很怀疑脑外科医生、火箭科学家或航空管理人员是否能够同意我的看法。不过我认为，与他人相处，尤其是有效地应对那些特别难打交道的人，是世界上最困难的事之一。没有人告诉你应该怎么做，也几乎没有相关的培训项目，而且几乎所有人都认为这是一种天生的能力，其差异只在于能或者不能。

伟大的弗雷德里克（Frederick）曾经说过："当我对人类越来越了解之后，我发现，我越来越爱自己的狗。"对我们多数人来说，我们无法选择只是与狗交好，我们必须与人相处，

1

必须有效地与他人相处。这些人可能是我们的员工、我们的顾客、我们的同事或者我们最亲近的人。之所以说有效地应对他人是非常困难的事，是因为每一个人都各不相同。当你用某种特定的方法成功地与一个人相处时，这并不意味着你也能够成功地与其他人相处。如果用设备或者机器比喻，那么人类是你难以想象的、最复杂、最精细的存在。也许人与人之间有一些共同点，但更多时候，人与人之间却是各不相同的，且他们的行事方式也各异，即使这个差异可能并不那么大。人都是受自己情绪的驱使而行动的，所以几乎不可能对有逻辑的讨论进行回应。

每次举办培训时，如关于客户服务、销售或管理学相关的主题培训，我通常都会在培训中保留这样一个单元，即教授人们如何与难打交道的人打交道。我写过一些关于如何和难打交道的人交往、如何与难打交道的员工一起工作的文章并将之发布在网络上。网络统计结果显示，与我写的其他文章相比，这些主题的文章被下载的次数是最多的。

我曾从事管理工作15年，与形形色色的员工和顾客打交道，所以积累了很多成功和失败的经验。我真正理解，在与难打交道的人打交道时会面对怎样的挑战，因而我写了本书，希望能对读者有所帮助，让他们在应对这些困难的时候能感觉轻松一些。我写的这些内容不是所谓的"魔法配方"，而是我通过实践证明了的方法、技巧，它们能帮助你更好地处理你自己的事、更好地应对难打交道的人。当你对自己有越来越多的了解，逐步建立起自信，并且能够很好地运用这些方法和技巧时，你就能让自己的生活变得轻松许多了。

在此，我想感谢一些好友，是他们一路上给予我帮助，才让我走到了今天。感谢活力满满的戴安娜（Diane），是她帮助我录入了这些文字，也感谢她不时为我带来的啤酒；感谢强尼（John），是他持续不断地给予我鼓励，也感谢他不时为我带来的啤酒；感谢琳达（Linda），是她一直陪在我身边。

我衷心地祝愿你们每一位都能心想事成。

目 录

1

CHAPTER

第一章

那些难打交道的人

↳ **日常对话事例分析**

"早上好，鲍勃，你今天过得怎么样？"

"有什么好的，你为什么要用这种讽刺的语气跟我说话？你知道我的工作多么耗费精力吗？而且我的背又开始出状况了。"

"我并没有讽刺你，我们都很忙，这个我知道，但是我并不知道你的背出问题了。我觉得你只是心情不好，所以才会有些暴躁。"

"我暴躁？你知道我的背有多疼吗？几乎每时每刻都在疼。你当然不知道，你的一切都那么好，你完全没有这些问题。"

"鲍勃，你只知道你自己遇到了一些问题，那么让我来告诉你我正在经历的一些情况吧，你对我正在经历的一切几乎毫不知情！"

以上的这些话听起来熟悉吗？你曾经进行过这样的对话吗？在这个对话里，你认为哪一方是难打交道的人？也许你会说："是鲍勃，因为他是一个暴躁的老头。"但是，你真的确定这段对话中的鲍勃是那个难打交道的人吗？

让我们来假设一下，你认识鲍勃，他今年 59 岁，很长时间以来他的情况都不太好。几年前他失去了老伴，此后他一直独自生活，这些年他几乎没有见过自己的其他家人，因为他们都各自生活在不同的地方。

你真的认为"你今天过得怎么样"是你可以想到的、最合适的开场白吗？其实，是你自己感觉还不错，并且"你今天过得怎么样"是你在和他人相遇时最常用的开场白。但事实上，你本可以换一种开场白。你本可以说些不同的话。

"早上好，鲍勃。我打赌你会为自己喜欢的球队感到高兴，因为他们昨晚赢了比赛。"

重要的不是你对他人所说的话的具体内容，而是他们会如何对其进行解读。我知道我这么说会让你有些摸不着头脑，但这是我的经验之谈。

例如，你想赞美一位同事，你可能会这么说：

"嗨，你今天看起来真棒——你穿的这身西服太帅了！"

对方可能会这样反击你：

"你实际上想说的是我通常都看起来一团糟，而今天我终于肯打理一下自己了吧？"

此时的问题在于，你赞美的这位同事有着很低的自尊，他很可能一直都觉得自己看起来很糟糕，因而他并不认为他人会对自己有任何真诚的赞美。也许在这个同事所成长的家庭中，成员彼此之间并不互相赞美对方。

一些伴侣吵架是因为他们用自己的想法去理解他人所说的话。

"很抱歉，吉尔，这周末我没法去拜访你的家人了。"

"杰克，其实你想说的是，你根本就不喜欢我的母亲。"

"不是的，我不是那个意思。只是这周末我得加班。"

"我敢打赌，如果不是因为要见我的母亲，你完全可以不加班的。"

吉尔的说法有可能是事实，也有可能不是，也有可能杰克确实需要加班，而吉尔却完全误会了他。这个沟通如果像这样继续下去，那么两人可能就会走向分手或者离婚了。

你面临的另外一个挑战是，人们其实是完全受自己的情绪支配的。用上面的例子来解释：杰克一开始用理性的方式来表达他本周末需要加班，而吉尔的回应则完全是情绪化的，她感觉杰克的话并非其表面的意思。当然，也许杰克确实不喜欢岳母，但是当时的沟通却与此毫无关系。

乔和史密斯先生

让我们来看一看以下这段对话。这是节选自一段电话沟通中的对白，通话的双方分别是史密斯（一位企业家）和乔（一名客户代表，史密斯的供应商之一）。

"早上好，这里是 FDC 供应商，请问有什么可以帮到您吗？"

"有什么可以帮到我？好的，那我就告诉你有什么可以帮到我。你可以把我上周给你们的订单找出来，如果明天没法发货的话，就不用发货了！"

"请问您的姓名和账号。"

"我叫史蒂夫·史密斯，我不知道我的账号，我的商店叫史密斯，在 24 号大街上。"

"请您稍等，别挂电话，我会通过您的姓名和地址来查询您的账号。请问您的姓名如何拼写呢？"

"S-M-I-T-H！你能快一点吗，我的店里现在还有顾客在等候。"

"我正在尽快为您查询，但我们的数据库里有很多客户叫史密斯。"

"那又怎么样，这又不是我的错！"

"我找到了，根据记录，我们的库存无法满足您的订单需求。"

"那我提交订单时，你们为什么不说？你们的服务太差劲了！"

"我们公司并没有规定在我们库存不足的时候需要通知顾客。当您在这里开户的时候，我们就告诉过您这一点。"

"你们并没有告诉过我这些，我要找你们经理谈。"

"我们经理正在开会，现在没法接听您的电话。"

我可以继续描述这个对话，但我想，你们都知道这个对话继续下去会是什么结果。那么，在这个对话里，你们觉得谁是那个难打交道的人呢？我相信，乔一定会觉得这位顾客不可理喻、充满攻击性、态度很差且要求很多。确实，这位顾客可能符合乔的所有描述，但是在这个情境中，乔的所作所为让这个情况变得糟糕10倍！在这个对话里，乔至少犯了10个错误。这些错误都是在为顾客的愤怒火上浇油并且把事情变得越来越糟。当然，在通话之前，这位顾客可能已经情绪不好了，可能他的生意最近不景气，也可能最近他的家庭不太和睦，但顾客在这次电话中的情绪是逐渐升级的。

一切只发生在脑海里

我想起了汤姆和农夫的故事。有一天，汤姆正准备给奶牛挤奶，却发现挤奶机坏了。他想起了朋友桑迪——桑迪也有一个农场且就在汤姆的隔壁，而且桑迪有一个便携式的挤奶机。于是，汤姆跳上了他的路虎车，驶向桑迪的农场。去的路上，汤姆想："我希望桑迪能把他的机器借给我，毕竟我和他一直都是好朋友啊。但也有可能他不同意借，不过他如果这么做，我会觉得很不平衡，因为我过去也曾借东西给他。所以这回他要是不同意借给我挤奶机，我会非常讨厌他，难道我过去有任何对他不好的时候吗？"汤姆一路这么想着，不知不觉间就驾车驶到了桑迪的农场。桑迪看到了汤姆，向他打招呼。

"汤姆，很高兴看到你，你今天过得如何呀？"

"我还好，你可以放心留着你的烂手工挤奶机。我根本没想过向你借它。"

当与另外一个人接触时，尤其与一位愤怒的顾客接触时，人们的脑海中会出现各种各样的其他事情。在开始沟通的最初几秒钟，会决定这个愤怒后续会持续多久。其实愤怒持续时间并不长：只需 20 秒左右，造成愤怒的化学反应就会自然消退。我很确定你听过这样的说法："让他们先把气撒完。"这通常很有用。你很可能也遇到过这样的情况：你无法安抚一位愤怒的顾客，所以需要请求你的上级经理给这位顾客回电，但当你的经理回电时，这位顾客往往却好像突然之间就变成了好好先生。

在乔和史密斯先生的故事里，顾客的情绪并没有被很好地处理，因而顾客的情绪持续变糟。如果乔在当时能使用一些别的技巧，就不至于把自己置于那样糟糕的境地，而那位顾客也不至于发那么大的火了。我不是希望乔在当时就能把这位顾客变成好好先生，但至少在当时，他可以做些事给这位顾客的情绪降降温，让这位顾客的情绪稳定一些。

　　当然，我们不能从上面的对话中读出乔当时的语音、语调及其身体语言。不过在这个例子里，身体语言并不重要，毕竟这是一个电话沟通！有一天，我一边开车一边听广播，在观众热线环节，一位叫温蒂的听众拨入电话。这类听众热线电话的一开始，通常是主持人问听众来自哪里，从事什么工作之类的简单闲谈。温蒂说她在一家大型保险公司从事客户服务工作，她经常需要通过电话与客户沟通。从温蒂在电话里的语音、语调，我可以听出她是一个温暖、友好的人，因为几乎可以从电话里听出她的微笑。此时，主持人说："温蒂，如果我曾经打电话到你的公司去投诉些什么的话，我很可能在和你沟通几分钟后，就立刻忘记了我打来电话是为了做什么。"

乔安娜和老板

　　"乔安娜，你可以在今晚把董事会的报告交给我吗？"

　　"这个报告需要花几个小时才能完成，我会尽量赶，希望今晚能发给您。"

　　"谢谢你，乔安娜，不过我今晚一定得拿到这个报告。"

　　"您可以让苏珊来做吗，我想她一定不会介意的。"

　　"乔安娜，我比较希望能由你来完成，因为你的报告完成质量一向比其他人高。"

　　"我答应了丈夫今晚准点到家，因为我们今晚有外出的活动安排。"

"乔安娜，我理解你有安排，但总是会有一些困难时期需要我们有更多的付出和努力，你知道写这个报告并不会耽误你太多时间，我也会因此很感激你的。"

在这里，我们看到，这个喜欢控制别人的老板，完全不考虑乔安娜的需要。尽管如此，乔安娜还是可以用更强硬一些的态度来表明自己的立场，保护自己的需要。此刻，我猜很多人可能有这样的想法："你应该完成老板给你布置的任务，如果你在这个时候维护自己的权益，那么你就是在为自己找麻烦。"我认可这句话："你不可能永远都是赢家。"但接下来我要告诉你的是，应该如何说、如何做才能在这样的情境下不给自己找麻烦。我不是让你站出来反抗你的老板，而是讨论如何能既表达自己的需要，同时又能不影响工作。

我们都很有压力

我相信你能理解所有这些情况。它们给生活带来麻烦，也带来各种压力和负面后果。与他人打交道是这些负面压力的来源之一。我经常听到类似下面这样的话。

"他为什么希望我那样做？"

"我要怎么样才能知道她到底是怎么想的？"

"他们为什么会这样做？"

当他人看待事情的方式与我们不同时，会给我们带来很大的压力。让我说得更清楚一些：其他人看待一些事情的方式就是会与你的不同，而且很可能永远都不同。

在这个世界上，每个人都与他人不同，就像我们每个人的指纹都不同一样。人群当中，有些人与我们十分相似，所以我们会和这些人成为朋友，甚至一生相伴。尽管如此，正如你所知，即使是你最亲近的朋友或那个与你相伴一生的人，也还是会在一些事情上与你持不同的看法。他们并不是故意要说些什么或者做些什么来让你难受，他们只是与你不同而已。在你面对的各种情境中，都包含以下几个层面：

你看待事情的角度→他人看待事情的角度→这个事情原本的样子

> "伟大的神啊，请帮助我，让我永远不先入为主地评判他人，因为我从来不曾以他的方式生活过。"
>
> ——印第安苏族的谚语

↳ 一个解决办法

为了找到与难打交道的人打交道的办法，你已经买了本书来帮助自己。接下来你会更多地了解到自己该如何做。在本书中，你会学习到如何表达，随着你的表达越来越自如，你会越来越自信地说出自己的想法和需要。

本书内容包括：

❖ 如何与难打交道的客户打交道；

❖ 如何与难打交道的下属一起工作；

❖ 如何回应一个控制欲强的老板；

❖ 如何与其他一些难打交道的人打交道。

尽管如此，在与他人交往时，我们需要同时了解处于沟通中的双方的情况。你需要在所有的互动中了解自己的角色。

你是否就是一个难打交道的人

在我开办的"学会与难打交道的人打交道"的工作坊中，我总会这样开场：

> "如果你认为自己是一个难打交道的人，是一个经常给他人带来麻烦的人，那么请举手。"

你猜结果如何？没有一个人举手！你很可能在想，也许没有人愿意承认自己是难打交道的人，尤其是在这样一个公开场合。但是我认为，任何一个人，不论在任何场合下，都不会认为自己是难打交道的人。

这个开场问题我已经问过很多次了，成百上千的人参加过这个工作坊，但是从来没有人举过手。相反，他们会开始告诉我那些让他们头疼的客户、老板或者他们的问题员工以及他们的邻居——那些没法好好管教自己孩子的邻居。

我们总结一下：我们已知有成百上千人并不认为自己是难打交道的人，但他们会抱怨其他人难打交道。

这很重要的原因

相关研究显示，在我们每天清醒的时间中，70%~85% 的时间花费到了与他人交往上。这些交往会发生在工作时间：

❖ 与客户或者顾客打交道时；

❖ 电话沟通时；

❖ 谈判协商时；

❖ 管理员工时；

❖ 与同事打交道时；

❖ 参加会议时；

❖ 面试时；

❖ 进行评估时；

❖ 培训训练时。

也会发生在我们的个人生活中：我们需要与丈夫、妻子、合作伙伴、孩子、朋友、家人和邻居打交道。如果你想避免交流和沟通，你只能生活在无人的荒岛上或者隐居于山洞中。像鲁滨孙这样的人，或者其他一些隐士们，他们虽然也存在，却是极少数的。我们中的大多数人需要并且希望与他人沟通和建立联系。你还记得当鲁滨孙发现沙滩上有一个脚印并由此找到了那个叫星期五的人时是多么激动吗？人类是需要社会交往的物种，而他人是我们生活中极其重要的元素。

我们允许（你会发现我用了"允许"这个词）自己与他人建立的关系的质量决定了我们是否开心。但悲哀的是，不论在个人生活中还是在工作中，这些关系通常都不尽如人意。问题就在于我们经常与他人沟通得不太好。

我最近总跟一个在健身房认识的小伙子聊天。他就职于一家大型跨国银行，却常向我抱怨自己的工作，大概内容就是他有多么不情愿起早去上班，只有周末和假期才觉得放松，也只有那时，他才觉得自己是在过生活。而事实却是，他爱自己的工作，并且其薪水也很丰厚。不过，他与同事的关系要么很差，要么干脆没有关系。他似乎认识了一群难打交道的人。

当我问他为改善关系做过些什么时，他回答："什么都没有。"因为他不认为自己做些什么便可以改善这个状况。

我们很多人都对这种情况感同身受。问题是："为什么这种情况会发生？我们为什么会和其他人交往不顺利？"我相信，很多人无法很好地与他人沟通，很难表达自己的想法和感受。最近有一项研究表明，80% 的人无法好好工作是因为他们无法与他人建立良好的联结。

很多人无法好好沟通，是因为他们没有机会学习良好的沟通技巧，我们在学校里所学到的知识并没有告诉我们应该如何跟受教育程度不高的人保持良好的沟通。学校只是关注我们的智商、阅读能力、写作能力、计算能力以及学习和吸收各种事实、数字和信息。我不记得曾经有人教过我们以下内容：

❖ 如何面试并得到工作；

❖ 如何真正听懂对方在说什么；

❖ 如何能够坚定而自信；

❖ 如何建立亲密关系；

❖ 如何理解他人的行为；

❖ 如何自我激励；

❖ 如何自我认识；

❖ 如何处理人际矛盾。

当然，现在有许多学校开始关注以上这些问题，但是他们的工作往往事倍功半，因为与我上学的时候相比，现在的孩子与人交往的时间太少了。孩子们通常由其父母接送往返学校，而回家后，他们会花更多的时间看电视和玩电脑。他们的朋友多是来自于"脸书"（Facebook），而不是面对面的朋友。而我当年却是常常和朋友们一起上学、一起放学。每次到家后，我都是迫不及待地放下书包就出门和伙伴们一起玩耍去了。当然，时代不同了，生活自然也随之在发生变化。但我们依旧期待自己具备良好的与他人打交道的能力，尤其是与那些难打交道的人打交道的能力。

作为成年人，我们倾向于回归我们本能的沟通技巧，同时在前行中随手捡拾起一些其他技巧来使用。然而，许多人并没有本能的、与生俱来的沟通技巧，而且在他们的人生中也没有学习到这些技巧。我们都曾遇到过这样的人，如糟糕的经理和销售人员、差劲的客服人员，有时候则会与同事和朋友的关系闹僵。

如果我们要研究世界上的一些成功人士（此处指的是任何你认为成功的人士），你常常会发现，他们具有一个共同的特点，即他们都是很棒的沟通者。他们懂得倾听、能够理解对方，知道该问什么样的问题，并且会很好地回应所有的非言语信息。他们都是自我销售的专家。

> 我们需要认识到的一件最重要的事便是，在我们生活中的每一天，我们都在推销自己。当成功地做到这一点之后，我们才可能有所成就。

你与人沟通的段位决定了你与他人打交道的成功程度，这包含三个层面：情绪上的、个人化的、社会化的。同时这也高度影响你在获取财富方面是否能够成功。而最重要的是，你的成功程度影响了你的快乐程度、情绪健康程度以及你在意的一切，而这些都直接受到你与他人沟通能力的影响。

> 对你来说，最重要的人际关系，便是你与自己的关系。

↘ 识别难打交道的人

你认为什么样的人是"难打交道的人"呢？可能是一些欺负他人、操纵他人、让他人感受到压力或不开心的人。他们会说一些话或者做一些事，让你感到难以接受并且第一时间想要自我保护。同时，这当然也会在工作场所带来一些问题。

有研究表明，仅仅在英国，每年的工作日中便有 1890 万个工作日因受职场霸凌影响而被浪费了，这给英国的财政造成 60 亿英镑的损失，也给制造业、创造性产业、员工的一般健康领域及员工的精神健康领域都带来了广泛的影响。至少有 1/4 的人在职场上的某个时候会经历霸凌。

下面有一个清单，列出了可以被认为是"难打交道的人"的许多可能的行为。清单里的这些行为，有多少是能把你逼疯的呢？

好斗的	让人尴尬的	易怒的	健忘的
敌对的	怀有敌意的	焦虑的	不耐烦的
欺诈的	鲁莽的	好争论的	优柔寡断的
偏袒的	没有安全感的	偏执的	不真诚的
好指责的	让人生畏的	夸夸其谈的	度量小的
无趣的	爱迟到的	颐指气使的	爱撒谎的
霸凌的	独来独往的	朝令夕改的	爱操纵他人的
招蜂引蝶的	邋遢的	冷漠的	愁眉苦脸的
好竞争的	情绪阴郁的	爱抱怨的	消极的
爱对抗的	吹毛求疵的	糊涂的	自认清高的
缺乏动力的	病态性恐惧的	不守规矩的	自私的
害羞的	不切实际的	爱奉承的	永不满足的
紧张的	虚弱无力的	胆小的	工作狂的
无主见的	报复心强的	不热情的	暴力倾向的
淡漠的	永远只会回答"是"的		

　　哇！这么长的一个列表啊，即便如此，你很可能还想向其中增加一些内容。请仔细看看这个列表，挑出一些让你感觉头疼的人的特征。现在，你很可能会说"以上列表中的特征全是"。但是，当我在工作坊里带领大家一起做这道题的时候，每个人都有自己的不同看法。有些人并不认为无趣的人是难打交道的人，然而其他人可能认为无趣的人让他们发疯！也许你并不会觉得优柔寡断的人多么难打交道，但这却会让其他一些

人烦到想掐死他们。

我是一个很守时的人，与那些总是迟到或者不按预定时间表做事的人打交道，对我来说便是一个极大的挑战。如果有人告诉我他们会在 1 个小时之后给我回电，我便会按时等他们的电话。但是，他们也许没有什么时间观念，所以可能会在 3 个小时之后才给我回电。如果我的朋友说"我们晚上 8 点在酒吧碰面"，我会在晚上 7 点 55 分到达。如果你是一个守时的人，你便会对我所说的这些感同身受。如果你不是个守时的人，你会觉得这难以理解，因为对你而言，你并不介意对方迟到 10 分钟、20 分钟或 30 分钟。

让我们来看一些难打交道的人和难打交道的情境的示例。

来自地狱的上级领导

很有可能，在生命的某个阶段，你为一个老板工作过，但从他那里你什么都没有学到，除了悲哀。他们很可能并不总是谴责你或者用纪律约束你，但是他们会给你安排一些你觉得难以完成的工作。

我曾经有过一位上司，他是一名销售主管，名叫强尼，就是他曾经让我感到自己如同生活在地狱中一般。我从强尼身上学到很多——主要是在管理他人的时候，有哪些是不能做的。我还记得在那段日子里，脑海中经常出现的一句话便是：当我成为一名主管或者一名经理时，我绝对不会用强尼对待我的方式对待我的下属。他命令我每天傍晚给他打电话，详细汇报我在一天当中见了多少个客户、做了多少场演示以及做成了多少单子。而当我在汇报数字时，他会突然插话，问我："具体多少？""这些就是全部了吗？""这个数字是怎么来的？""你确定吗？""你为什么不能做得像别人一样好呢？""这个情况你打算怎么处理？"他会让我知道，如果我再不进步的话，我很可能就要丢掉工作了。

我向他汇报的结果永远无法让他满意，所以我感觉自己永远也不可能达成他的要求。我常常对每天傍晚的这个汇报电话十分恐惧，甚至在早上出门时就已经背负着巨大的压力：今天必须做得更好！不难想象，这样的压力并不能帮助我达成更好的销售业绩。我的主管确实是一个霸凌者，而且，他所认为的主管或者经理的工作就该这样。曼彻斯特大学的盖里·库佩（Gary Cooper）教授曾经对工作场所的霸凌行为进行了研究并指出："有些人在童年早期遇到过严重的问题，这导致他们成为病态的人，当他们处于权利位置上的时候，他们认为，让别人感到自己没能力便意味着他自己是十分有能力的。其实这样的人是非常没有安全感的。"

你们可以想象一下，当时我有多么讨厌那份工作，所以我的大部分时间都用于思考和计划如何能把强尼推出去被公车压死这件事以及如何找到一份新工作。这段经历也非常严重地打击了我的自信心。尽管我已经在销售行业工作了四年时间，但我还是开始思考，也许我并不够好，也许这个行业并不适合我。如果当时我能了解现在我所了解的这一切，我一定不会那样想。

讽刺的是，当我最终找到另一份工作时，强尼的老板，也就是负责全国业务的销售总监出面挽留我，他说我是他们团队中表现最好的销售人员之一。

来自地狱的客户

我同样很确定，在生命的某个时候，你曾经遇到过某个不高兴的客户或者顾客，他们会贬低你，让你感觉你需要为自己所服务机构犯下的所有错误负责。

我记得有次在希斯罗机场的英国维珍大西洋航空的柜台前办理登机手续，当时在隔壁柜台前有位女乘客对着维珍航空的一名工作人员大声叫喊，其语言一半是英语，还有一半不知道是什么语。她大喊大叫是由于对服务非常不满，她表示此生再也不会乘坐这个公司的航班，听起来，她似乎都有了想杀掉某个人的心思。维珍航空的工作人员只是用官方的姿态尝试安抚这位乘客，我猜，他脑海里想的很可能是在万米高空把这位乘客从飞机上丢出去。

英国的易捷航空和美国的西南航空都在飞机上的壁挂电视里播放纪录片，描述企业的日常经营情况。我曾经不止一次在易捷航空的节目中看到，他们播放的纪录片主要是如何应对难打交道的客户的相关场景。每当我听到易捷航空的工作人员在与一个难打交道的顾客沟通时，我都会感到难受。他们沟通时的态度、身体语言和措辞，都只是让事情变得更糟而已。当然，他们的片子制作精良，所以他们也不认为需要对其做出什么改动。他们说，并没有差劲的广告宣传这种说法，但是我经常在想，他们如果改善一下与顾客的沟通方式，会为他们带来多少新顾客。

来自地狱的关系

难打交道的人可能正是生活在侧的人：也许是一个聒噪的邻居，或者是邻居有一个熊孩子，还有可能是家庭里某个和你亲近的成员。

婚姻中，我有 14 年都很快乐，但其中有一年我却很不开心。在不开心的那一年里，一切都很糟糕。当时我认为，这完全是我太太的错，所有的不幸都是她导致的。当然，我不会详述细节，我只想说，当时我被一个信念完全占据了，即太太把自己的工作看得比我重要得多。这是一个很典型的例子，现在我回头再看的时候，我知道，我可以做得比当时好很多。正如我先前所说："我希望当时我能了解现在我所了解的这一切。"

不管是一个同事、一名顾客还是你个人生活中的某个人，重要的是你要知道，不同的人看待世界的方式与你不同。当然，世界上也有一些人故意要让你的生活过得悲惨，为什么这么做，原因只有他们自己知道，但这样的人实在是微乎其微。

↘ 难打交道的人是否都一样

我想，你一定遇到过这样的情景：当你向同事或者朋友描述你遇到的一个难打交道的人时，他们并不同意你的看法或者不理解你在说什么。

几年前，我接到史蒂夫的电话。他当时是一家报社的客户服务经理，来电话是希望我给他们的团队做一次培训，教他们学会与难打交道的人打交道。我和史蒂夫电话沟通了好几次，安排日期、时间以及了解他们的具体业务。如果让我描述我对他在电话里的感觉，我会这样形容他：职业化、冷淡、简单粗暴、不太有耐心。我开始意识到，如果我是他的客户之一，我也许也会成为难打交道的客户。他当然很熟悉自己的业务，我也不怀疑他是一个好人，但是如果说到温暖和友善，那他绝对不是这样的人。

在工作坊举办的当天，有一个环节是小组讨论他们的客户，其中有位客户是史蒂夫认为最难打交道的。他开始抱怨这位客户有多么让人讨厌，因为对方总是提出各种各样的要求。小组里的另一个成员阿曼达却并不同意他的话。她承认与史蒂夫说的这位客户交往是有一些挑战，但是她和这位客户相处得还不错。然后另一位成员也同意阿曼达的意见。史蒂夫对阿曼达的话深表怀疑，也不明白为什么其他小组成员不认为这位客户是非常难打交道的人。

正如你们所看到的，史蒂夫用他自己对待客户的方式把自己的工作变得更加困难了。我甚至不确定他是怎么当上经理的！

> "当你成为更好的人时，你的客户也会变得更容易相处。"
>
> ——无名氏

没有那么多难打交道的人

从统计数字上看，人口中只有 2% 的人可以被视为真正难打交道的人，尽管如此，我知道，有些时候你会觉得自己一次性见到了他们所有人！当你正在面对一个难打交道的人时，你实际上正在经历的是"冲突"。在字典里，冲突的定义是：两个不协调或者完全不同的人在思想或者兴趣上呈现出的不和谐的状态，是一种碰撞。

你把这样的状况定义为"应对冲突"或与真正难打交道的人打交道，都会让你的生活更轻松一些。因为，真正难打交道的人是很少见的，所以当你遇到他们的时候，你需要接受这个情况，并且明白，他们不是针对你个人的，他／她本来就是这样的人。我们会讨论如何与这样的人相处，但其实最好的办法是转身走开。冲突是个人化的，并且我们必须接受它给我们带来的紧张感，我们在本书中也会讨论如何化解这样的紧张感。

↘ 感觉难打交道的原因

正如我先前所说，我发现，基本没有人会承认自己是难打交道的人。但是显然，在我们生命中的某个时刻，我们都很可能成为他人眼中那个难打交道的人。当然，人群中确实有 2% 的人是真正难打交道的。那么，是什么导致了他们让人觉得难打交道呢？

❖ **压力**。一些人会因为各种事而感受到压力。这些事往往是他们没有能力处理自己工作中的问题或个人生活中的问题。他们会倾向于指责他人或指责环境，但多数时候，他们自己其实知道问题出在哪里。

❖ **个人问题**。公平而言，人们有时候会遇到一些超出自己掌控范围的问题。例如，家庭成员的过世，婚姻破裂或恋爱关系破裂，孩子出现问题，或者他们本人的健康问题。

❖ **不胜任工作**。在工作场合经常会有这样的情况，有些人在完成工作方面遇到困难，也不知道如何求助于他人。尽管他们可能不愿意承认，但他们还是会感到自己能力不足，所以他们会通过抱怨的方式来表达他们的挫败感，这就会让他们看起来又消极又难打交道。

❖ **不知道他们让别人头疼**。有一些人并不知道他人是怎么看待自己的。他们觉得自己的行为很正常，也不能理解为什么他人的看法和自己的不同。

❖ **他们用不同的方式看待世界**。我们看待世界的方式各不相同。但是有一些人会因为他人看待世界的方式与自己不同而感觉烦恼。

❖ **低自尊**。有一些人缺乏自信，这使他们对整个世界都充满怒气。他们会觉得他人总是在贬低自己，外界的一切都在和自己作对。

另外还有其他的关键因素导致一些人表现得难打交道。

缺乏关注/认可

如果你是一名经理或者是一名团队领导者，你会因为一些难打交道的员工而感到沮丧和受挫吗？也许他们总是无法将事情做好，也许他们耗费了你大量的时间、吸引了你太多的关注。你很容易就会陷入想要咒骂这些人的情绪中，觉得他们是

"毫无希望的人"或者"问题儿童"。但是，你是否考虑过，他们可能是非常需要被认可的，不论是在物质上还是在精神上。

每一个人对认可的需求都非常强烈，甚至他们有些时候会通过糟糕的行为来进行索要。我相信，你明白孩子有时候在学校里表现得很糟其实是为了引起关注。同样，成年人也会这样做。若干年前，我母亲在世时，她总是给我来电话，跟我诉说她的情况有多么糟糕。但当我第二天急急忙忙地赶去看她时，却发现她精神矍铄，其实，她来电只是希望得到我的关注。

尽管对人类而言，得到认可和关注是至关重要的，但我们每个人对认可和关注的需求仍然有所不同，不论是在物质上还是在精神上。一些人可能会急切地需要大量的关注和认可，他们也会尝试用各种方式把这种需求表现出来。如果你正在管理一个团队，我确信你的团队里存在这样的成员，与其他成员相比，他们需要更多的关注和认可。当我还是一名现场销售经理时，我发现自己的销售团队里有一些成员会更频繁地给我来电。通常，他们来电是为了寻求帮助或者得到我的确认，而有些时候，他们来电只是想和我说说话。此外，他们也想从我这里得到关注和认可。

你团队里的那个经常向你提出各种难以理解的问题的成员，很可能只是为了寻求你的关注和认可。当他/她的需求被拒绝或者未被满足时，他/她就会变成那个难打交道的人。

别太责怪自己

让我们来梳理一下我们上面说的内容。当你和某个人发生冲突、产生张力，但与其他人并不会出现这样的状况时，这并不代表你是有问题的一方。你可能会这样想：

"我办公室里的那个玛丽真是个让人头疼的人，我觉得她太难打交道了。但好像其他人觉得她还好，所以一定是我有问题。"

如果对你来说，玛丽是一个难打交道的人，那么就接受这个状况，因为你有权利拥有自己的感受。你和办公室里的其他人并不一样，他们也许觉得玛丽的行为是可以接受的，但是他们看待世界的方式和你并不相同。

尽管如此，当你与某个人发生冲突、产生张力时，你只能改变你与他／她的互动方式，或者改变他／她与你的互动方式。你也许会决定再也不与他／她互动了，但是如果此人是你的同事、客户，甚至是你那爱发脾气的妈妈，那你是无法回避与其进行互动的。我想引用林肯总统（1809—1865，美国第16届总统）的一句话：

> "我觉得我不喜欢这个人，所以我需要更多地了解他。"

↘ 改变自己还是改变他人

不得不说，如果你不能改变自己，那么你也无法改变他人！所以，让我们来看看如何改变自己吧。我并不是说你要改变自己的个性，而是说如何对自己的行为做一些调整，而这些调整会让你的生活更轻松。要达成这样的调整，你需要做到以下几点。

❖ **理解自己的行为**。你的突出行为模式是怎样的？你的行为受自己控制还是受他人影响？遇到事情你会直接反应还是会先思考一下再采取行动？

❖ **掌控自己的行为**。在面对不同情境时，有意识地选择合适的行为模式，同时留意你的不同行为带来的不同结果。

❖ **建立自信、提高自尊水平**。在可以有效地与他人沟通之前，你需要对自己有信心。

❖ **提高倾听能力**。一个好的沟通者通常都是听得多说得少。

❖ **了解你的语音、语调和身体语言带来的影响**。你说话的方式给他人带来的影响会大于说话内容带来的影响。

❖ **变得更坚定**。顺从和攻击都是你的行为模式里原本就有的自然反应，而坚定的表达是需要学习的。

❖ **成为让人喜欢的人**。人们通常更容易接受他们喜欢的人。如果你不进行自我推销，什么都不会发生。

在本书的后续章节里，我们会一起学习一些技巧，来改变

或者影响他人对待你的行为。但是，你需要首先对自己有更多
的了解，而不是先去了解他人的行为。

> "你受他人行为影响而难过、绝望、愤怒或感觉受伤
> 时，都是你放弃了对自己生活的控制权的时刻。"
>
> ——维恩·戴尔博士（Dr Wayne Dyer，1940—）
> 美国心理咨询师、作家、演说家

2

CHAPTER

第二章

改变不喜欢的行为模式

↘ 第一印象很重要

几年前，有一则电视广告，是关于一家保险公司的。这则广告的标语是："你真了不起！"它指出，每个人都是地球上独一无二的存在。人类是多么美好、复杂多样而又丰富多彩。我们每个人的身材都各不相同，思想和灵魂便更是如此。

当我们与他人相遇和互动时，会交换各种各样的信息。我们会通过语言、语音、语调和身体语言来与对方沟通。心理学家的研究表明，我们在遇到一个人的两分钟里会做出 11 个与对方有关的判断——我们是否喜欢这个人，其背景如何，智力水平如何，是消极的还是积极的，成功与否以及其他一些我们在乎的特征。在还未能证实这些猜想是否准确之前，我们已经倾向于固着在这些印象里了。

2008 年温布尔顿网球巡回赛之前，我在媒体上看到一则报道。该报道显示，很多人并不希望安迪·穆瑞（Andy Murray）这名苏格兰网球选手在巡回赛中有出色的表现，因为看他接受电视节目的采访或参加比赛的样子，他们并不喜欢他。他们觉得，他看起来毫无生气，而且似乎没有个人特色。有一些人甚至认为，他会是一个难打交道的人。

这个快速的判断过程基于非常有限的信息，我们的内在似乎存在一个固有的系统，可以迅速地做出好坏、对错的判断。当我们的山顶洞人先祖在四处觅食时，手里拿着棍棒，在那个危机四伏的环境中，他们有时候会遇到其他的山顶洞人，有时候则会遇到其他可怕的生物。为了生存下去，他们必须在非常短的时间里做出决定——我是选择和他/她聊聊呢，还是需要拔腿就跑呢？或者应该一棒子打过去呢？在那些岁月里，山顶洞人们生活得很不容易，因为他们没有镜子，所以他们通常并不知道，他们遇到的那些看起来毛茸茸的、丑陋的生物，其实和自己长得并没有什么区别。

所以你需要很清楚地知道，当你第一次见到某人或者与某人通电话时，他们在这个过程中会对你做出一些判断，同时，你一样也会在这个过程中对他们做出一些判断，他们甚至可能会在几秒之间，就断定你是一个难打交道的人，当然你也可能会对他们做出这样的判断。此时，你可能会说：这太糟糕了，因为我就是我，我就是这样的人，我就是这样被养大的，我对此无能为力。对，确实如此，所以你也必须和这样的情况共处。记得曾经有一次，我为电子工程师开设了一个关于客户服务的工作坊。参加工作坊的有一个叫科林的人，在参会的那两天中，他几乎没有说什么话。在大部分时间里，他都是瞪着我看，并且看起来非常不高兴。我心里想："这个叫科林的人讨厌我，他看起来非常具有攻击性，似乎想过来打我一顿，而且很显然，他在这个工作坊当中一无所获。"第二天，工作坊结束时，其他人正在打扫卫生，科林找到了我，他对我说："艾伦，我想告诉你，在这个工作坊中我感觉很享受，我学到了很多，并且我觉得你对我很照顾，我在工作坊中并没有说什么话，不过你从来没有让我为此感受到压力，我觉得这个过程很轻松。"我原本以为科林会过来直接把我打倒在地，但与他交谈了几分钟后，我认识到，他是一个很有修养的人。而他之前在工作坊中传达的信息在我看来则是完全相反的。

所以，我们的固有行为是僵化和无法改变的吗？如果我们希望有所改变，我们可以做些什么、又愿意做些什么呢？

↳ 改变自己的行为

还记得我在第一章的最后部分说的话吗？我们并不是在讨论个性问题，而是在讨论行为，改变行为要比改变个性容易多了。

心理学家们在人类天生的个性特征水平方面多有争论。是的，我们有不同的个性倾向，而父母在养育过程中还会加强其中一些倾向。例如，父母可能认为他们的孩子很内向、容易害羞，此时他们便可能会这样跟别人说："他非常害羞，言语较少，而且看到生人就会紧张。"孩子会听到这样的话，同时也会把父母所提到的这些特征记在心里，之后他的行为便会越来越倾向于稳定为他父母所描述的那样。

有一次，我参加了大家庭的圣诞晚宴，参加者有大人也有孩子，当时，我给其中一个孩子夹了一些蔬菜，但是，在这个孩子还没有表示拒绝或接受的时候，他的祖父则立刻跳了起来："他不喜欢吃蔬菜，从来都不吃。"如果这个孩子总是听到这样的话，他真的会永远都不吃蔬菜的。和很多其他孩子一样，我小时候也不是非常喜欢吃蔬菜，然而母亲非常清楚地告诉我们："你们必须吃掉自己盘子里的蔬菜，没有商量的余地。"这就是一个行为学习的过程，就像是学习如何过马路一样。孩子们刚开始并不会意识到过马路的时候需要先看看左边，再看看右边，然后再看看左边。而你的父母会将这套行为标准植入你的潜意识中，这样才能保证你在过马路时不出车祸。由于我母亲坚持让我吃蔬菜，所以我的结肠功能才能健康地存续下来。

我相信不管你出生时带有怎样的个性特征——不论是内向还是外向——你都可以在任何年龄对自己的行为做出一些改变。

小时候，大人评价我是一个比较害羞的孩子，在青少年期我深切感受到这个评价带来的后果。我当时交过几个女朋友，但是由于我的害羞和不安全感，大部分时候我与她们的关系都是靠她们来维系的。19岁在哥拉斯加工厂做见习工程师时，我疯狂地迷上了一位在绘图办公室工作的姑娘，我着迷于她生机勃勃的个性。但是，她怎么可能对我感兴趣呢！毕竟，我是那么害羞，隐于众人而难以被看到。不过在一些朋友的怂恿下，我终于还是鼓起勇气给她打了个电话，当时我非常紧张，感觉心脏就要跳出胸膛了："你愿意在周六和我一起参加一个聚会吗？"她的回答然让我心花怒放："我很愿意，很高兴你愿意邀请我。"

我从中学习到的经验是，尽管你可能有一个害羞的个性，但是为了得到你想要的结果，你依然可以在行为上做一些小的调整。

我们并非生来就害羞或者充满自我怀疑的，也并非生来就不开心、嫉妒、羞愧、愤怒、好斗或难打交道。我们生来是自信、无忧无虑、对一切都充满好奇、开心、无所畏惧以及充满活力的。

运用你自己的超级大脑

人类的大脑是人体中一个非常神奇的部分，并且经常被用来与电子操作系统和电脑做比较。尽管如此，当你去看这些比较的因素时，会发现这些比较大多毫无意义。举例来说，将目前世界上正在使用的一切电话系统的总和与人的大脑比较，而大脑的尺寸却只是一颗烤豌豆那么大。当将人的大脑与世界第一的超级电脑相比较时，人的大脑实际上远远胜过超级电脑，这令人难以置信。一台每秒能运算 10 亿次的超级电脑需要持续工作 100 年，才能完成人类大脑 1 分钟内可以完成的工作。

研究已经证实，大脑由上百万个称作神经元的细胞组成。每个人的大脑平均有 100 亿个神经元。它们靠神经元之间微小的电流传导进行工作，这些神经活动控制着肌肉和身体的所有活动。通常，我们认为大脑的功能是随着年龄增长而逐渐下降的。你有多少次从长辈或者一个中年人的口中听到："我太老了，没法再学习新东西了；我的记忆力下降了，不再像年轻的时候那么有创造力了。"这种态度可以用一句谚语来概括："你无法教一只老狗学会新把戏了。"但事实是，人类是不同的，你可以继续学习！

好消息是，大脑并不像我们所以为的那样会逐渐衰退。马克·罗森思威格（Mark Rosenzweig）教授所做的研究已经证实，不论在哪个年龄段，大脑只要受到刺激就会生长出更多的细胞。所以，尽管有一些细胞会随着年龄增长而死亡，但大脑会再生出新的细胞。我相信，你一定听说过有些已经 70 岁或 80 岁的人，智力功能却依旧良好。他们中的一些人在晚年开始学习新的语言，有些取得了大学文凭，有些学习了一种新乐器。这些人是自己思想的主人，他们刺激自己的大脑，让其充满活力。如果说我们从出生到 90 岁的年龄之间，会失去 10 000 个大脑细胞，那么我们也只是失去了我们能力的 2%。

　　一些大脑领域的研究者相信，我们曾看到、听到或者经历的一切，都会被记录在我们的大脑里。我觉得这个有些难以理解，不过我确实会记得梦里的一些场景，但是我在清醒的时候却很难回忆起来。我曾经梦到过我小时候发生的一些事，而这些事我本以为自己早已忘记。大脑是多么神奇啊，虽然研究者们持续对大脑进行各种研究，但对它依然知之甚少。当电脑专家难以识别电脑故障或为何出现故障时，我总是很迷惑。毕竟，是人类发明了电脑——难道人类不应该完全懂得电脑吗？而人脑远比电脑优越，所以我们可能永远无法真正理解大脑的工作。

　　"一台机器可以完成 50 个普通人的工作。没有一台机器可以完成一个超凡的人可以完成的工作。"

　　　　　　——埃尔伯特·胡巴德（Elbert Hubbard，1859—1915）

美国作家

　　人类的大脑是极其复杂的。那么如何了解自己的行为，如

何运用这些理解来更好地与难打交道的人交往？下面我会把人类的行为分成 6 种模式来逐一说明。

↘ 运用 6 种行为模式

当与难打交道的人打交道时，一个有用的方法是，你需要理解，在沟通时，你们彼此运用的是各自不同的行为模式。每种模式都有其消极面和积极面。不论你是什么样的个性，你都可以选择自己的行为表现，给与自己打交道的人留下好感。在我描述下面的行为模式时，你会看到自己的行为是如何影响他人的行为的。

6 种行为模式：

- ❖ 有趣模式；

- ❖ 消极模式；

- ❖ 挑衅模式；

- ❖ 控制模式；

- ❖ 体贴模式；

- ❖ 思考模式。

你可以运用自己的超级大脑在任何自己需要的时候选择其中任何一种模式。但是，你确实有一个默认的模式，下面我会更多地解释这个部分。

让我们来看一看每种行为模式的特点，同时看一看不同模式带来的积极结果和消极结果分别是什么。

有趣模式

这个模式包含着你生来就具有的情绪——这是你的一部分，是天然、无法控制的。你的有趣模式，正如它的名字一样，关乎乐趣、欢笑和让他人开心。它让你在玩游戏、参加聚会的时候享受其中。你的有趣模式可以为一个困难的沟通增添色彩，让参与沟通的人都感觉放松。但是，它也有消极的一面，那就是，当对方是比较严肃的人时，开玩笑和逗趣可能会让沟通氛围更糟。也正因为如此，当你参加葬礼时，或处于需要保持安静、肃穆的场合时，你不会选择有趣模式。

消极模式

这个模式包括你通过后天学习到的一些感受，如内疚、抑郁和一部分恐惧。举例来说，孩子生来只有两种恐惧——喧闹的噪声和坠落，而其他的恐惧则是他们后天习得的。害怕飞行或者害怕狗这种恐惧是你后天习得的，你会发现，如果父母怕狗，孩子会从父母身上习得对狗的害怕。

利用你的消极模式有时候能够带来积极的效果，诸如当你想要放弃你的观点、尝试通过妥协来解决当前的沟通状况时，这是一种恰当的、适应当时情境的方式。当你需要给一个难打交道的人让路时，这是一个有效的行为方式。

这个模式的消极方面是，消极模式有可能被用来操控他人。一个难打交道的人可能会利用这个模式从他人身上得到自己想要的东西。有些人在沟通中采用消极模式，其实是在扮演受害者，通过表现得很可怜来让他人"可怜自己"。然后你就会感觉自己有义务让他们开心起来，不管他们需要你做什么。一个惯常使用消极模式的人很可能会到处抱怨，常常寻求他人来为事情负责任。

如果你在沟通的时候惯常采用消极模式，那么这可能会让自己觉得十分有压力，因为你这样做其实是在不断地给他人让路，而无法达到沟通的成效。

挑衅模式

你的愤怒行为都是来自于这个模式。挑衅模式所表达的意思是："我绝对不会放过你的！"或者"你来试试看能不能阻止我！"这种行为非常具有威胁性，是身体层面的，吵闹且愤怒的。当某人处于挑衅模式时，通常是非常难打交道的，尤其当此时需要的是商讨出一种折中的方法、需要彼此都有一些妥协和让步时。

积极的一面是，挑衅模式能够提供力量、勇气和决断力。

控制模式

这个模式源自你的价值体系，也受你的成长方式、家庭和文化的影响。该模式指的是那些十分重要的规则，因为你不只自己据此生活，也会据此评判他人的行为。

处于控制模式的人似乎知道所有答案，对每件事都有自己的看法；他们非常挑剔且具有评判性。所以，他们对他人有各种要求，会告诉他人应该怎么做，同时会尝试控制和操纵他人。这个模式的人了解所有的规则，了解什么必须去做，什么应该去做和什么需要去做。当一个人的控制模式意识到某人没有做对某件事，他们会非常乐意告诉那个人应该如何把这件事情做对。自然，偏见也往往来自于控制模式。

积极的一面是，控制模式中包含所有你学习到的技巧。这些技巧能帮助你在做许多事情的时候都可以自动化地完成，如穿衣服、开车和做饭。做这些事情的时候你可以不假思索，虽然刚开始学习它们的时候你并不觉得轻松。控制模式可以让你做事情非常有效率，而且当你在处理紧急情况时也能充满自信。

体贴模式

这个模式是指有同情心和助人心，你可以体贴他人，也体贴自己。在体贴模式中，你照顾他人，当他们遇到困难时，你愿意伸出援手。当你看到某人处于痛苦之中或正承受煎熬时，你为他／她提供帮助，这便是你的体贴模式在促使你行动。当然，你通过运动或者注意饮食来关爱自己时，你的行为也是源自体贴模式。

消极的一面是，当他人并不需要帮助时，你的体贴模式也可能会带来一些麻烦。

思考模式

在这个模式中，人们收集信息并对收集到的数据和情境进行分析。思考模式能够增加选择、帮助决策。当运用思考模式与外界沟通时，你会显得沉着、冷静、镇定，你便会理性、有逻辑、明智地进行沟通。这个模式基于事实而非情绪，关乎思考而非反应。这一点与其他模式不同，如控制和体贴模式是我们基于自己奉行的规则和信念对环境做出反应。除了有趣模式、消极模式和挑衅模式外，其余的模式带来的反应都不是源于我们的情绪感受。

当你在与难打交道的人打交道时，这个模式是一个最佳的应对模式，尤其当对方正处于挑衅模式或控制模式时。你运用思考模式进行沟通更像是让难打交道的人也同样使用思考模式进行交流。

现在你已经对各种行为模式有了更多的理解，让我们来做一个小测试。以下所列出的表达代表了哪种行为模式。在每个表达后面，或者另外拿出一张纸来写下你的判断。

"哇哦，这太棒了！"

"我真的受够了！"

"他凭什么那样和我说话！"

"你看起来不太对劲，你感觉还好吗？"

"他不应该那样说话。"

"让我们看看在现在的情况下，有哪些信息是需要我关注的。"

正确答案依次是：

有趣模式→消极模式→挑衅模式→体贴模式
→控制模式→思考模式

如果你对答案有另外的理解，也不用太过担心。因为你是在阅读这些句子，而说话的语气也会对你的判断有重要的影响。我说"他凭什么这样对我说话"是来源于挑衅模式，是因为我听到这句话充满了愤怒和情绪。如果某人说同样的话，但是不那么情绪化而有更多自我控制的话，很可能这句话便是来源于其控制模式。尽管如此，这句"哇哦，这真是太棒了"肯定属于有趣模式，不太可能跟其他模式混淆。

↘ 行为模式的相互影响

让我们一起看看这些不同的行为模式是如何影响他人的。当某人采取某一特定的行为模式时，会引发他人的某种行为模式。举例来说，如果你正在和某人聊天，如果对方采取的是挑衅模式，那么他／她可能会这么说：

> "让我付钱给你是不可能的。你赶紧走，如果你再敢来这里要钱的话，小心挨揍！"

你觉得对方会采取哪种模式来回应呢？他／她会怎么说呢？试试让自己站在此人的立场上好好想一想。

在这种情况下，你不太可能想采用有趣模式。此时开玩笑或者尝试让对方觉得有趣，似乎不是一个绝佳的选择。如果对方采取的是完全的挑衅模式，你用有趣模式换来的回应很可能是你为此挨揍。

我也不认为你会采用体贴模式，例如，像下面例句这样说：

> "可怜的孩子，你是有点生气吗？要不要坐下来喝杯茶呢？"

这样说的结果也很可能让你招致暴力对待。对待这个情境，最可能发生的是，你会采取同样的挑衅模式反击回去。例如，做出以下这样的回应：

　　"你来试试啊，你要是敢揍我的话，看看会发生什么，我也不会放过你的！"

或者你可能会切换成控制模式，像下面这样说：

　　"请你不要用这种态度和我说话——这样的态度是没法继续沟通的。如果你继续这样说话，那我就不得不结束我们这次谈话了。"

当一个工作人员应对一个处于挑衅模式的顾客时，也许这位工作人员会采取消极模式来应对，那接下来会发生什么呢？例如，像下面这样说：

　　"我感到非常抱歉，也许是我们弄错了您的账户，不过我没处理过这种情况，我需要和经理先沟通一下。"

同样，你也有可能会切换成思考模式，不过我们还是先回到上面这种情况。

看一看下面的清单，在每种模式后面或者另外拿一张纸写下其他人可能会用什么样的模式回应。

使用的模式	回应的模式
有趣模式	
消极模式	
挑衅模式	
体贴模式	

（续表）

使用的模式	回应的模式
控制模式	
思考模式	

你是怎么写的呢？正确答案如下：

有趣模式→控制模式→挑衅模式、控制模式或者

消极模式→消极模式→控制模式或者消极模式→思考模式

有趣会带来有趣

当某人使用有趣模式时，通常也会引发他人同样采用有趣模式。当你见到朋友时，你说：

"很高兴见到你，我们去喝一杯吧，一起去开心一下！"

你的朋友们很可能也会用有趣模式这样回应你：

"嗨，这个主意真棒，我也想一起去开心一下！"

但是，正如我之前所说的，如果你打算用有趣模式去接近他人，而对方却正情绪低落或者处于愤怒中，那么你很可能会引发他人采用其他的行为模式：

"你可以开玩笑，也可以开心大笑，这很好，但是我感觉不好，而且你让我感受更糟了。"

一个处于挑衅模式或者控制模式的人则可能会这样回应有趣模式：

> "你赶紧闭嘴吧，你这个蠢货，赶紧滚！"

消极引发控制

有时，"可怜可怜我"的消极模式会引发体贴模式。你可能会听到类似这样的对话：

> "我真的受够了！这些顾客总是挑毛病，我已经尽可能做到最好了，但是他们永远也不知道满足！"

对话中的另一方如果使用体贴模式，可能会这样说：

> "你真可怜，我给你好好泡杯茶吧，相信这能让你感到好受一些。"

但遗憾的是，如果某人正处于消极模式中，对方可能采取控制模式来回应。消极的、无主见的人很容易招来控制型的人。

挑衅引发消极

一个正处于挑衅模式的人很可能引发他人的挑衅模式：

> "如果你再用这种方式和我说话，我会把你丢出门外！"

或者可能会引发他人的控制模式：

"你不可以用这种方式和我说话，如果你要继续这么说，那我会关掉你的账户。"

挑衅模式很可能引发消极模式：

"我感到非常抱歉，我会尽一切努力来帮助你。"

体贴引发消极

体贴模式倾向于引发他人的消极模式。一个体贴的人可能会这么说：

"你看起来不太好，你感觉如何呢？你希望我帮你找一位医生吗？"

另外一个人可能会使用消极模式：

"我感觉有点恶心，我想我躺一会儿也许会好一点。"

控制引发消极

一个人在沟通时若采取控制模式，可能会引发他人以控制模式来回应他/她。一个处于控制模式中的人可能会这么说：

"我希望我的车今天就能修好，我不想再多等了。你们这些人应该好好检讨一下自己，好好改善下你们的服务！"

使用控制模式回应的人可能会这么说：

"我们会尽快维修您的车，因为我们有上百辆车需要维修，所以不可能给您优先的特权。"

同样这个人可能采取挑衅模式回应，他会非常生气地说：

"您没有资格对我们的客户服务指指点点。您不是我的老板，而且我也不需要您这样的人来教我该如何做！"

但这个人最有可能采取的回应是消极模式：

"我感到非常抱歉，您的车还没修好。我们还在等一些零件送达，而且我们的维修工突然生病，回家休息去了。"

思考引发思考

思考模式几乎在每一次都能引发其他人用思考模式回应。如果你与一个正处于挑衅模式或控制模式的难打交道的人打交道，你起初没法改变对方的行为。但是，如果你坚持使用思考模式与他/她沟通，他/她也有很大可能会切换到思考模式而逐渐变得更理性一些。

如果有一个难打交道的顾客正处于控制模式之中，他说：

"我希望我的车今天就修好。"

思考模式可能会这么回应：

"史密斯先生，我能理解您现在的感受，您很生气、觉得很烦，如果今天是我的车遇到这样的情况，我也很可能会有和您一样的感受。因为我们还在等一些零部件的送达，所以我们今天真的没办法修好您的车。为了能更快拿到那些零件，我们已经派货车去零部件工厂直接取货了，我们会在明天中午 12 点前修好您的车，如果您需要，我们可以直接把您的车给您送到您家门口。"

以上这段话是通过使用冷静、自信、友好和专业的口吻来表述的。身体语言呈现了一种开放的态度，措辞使用的是"思考模式"，关于这一点，之后我会详述。

↘ 做出正确的选择

人们最天然的回应方式并不是思考模式。我们倾向于基于自己的情绪感受进行回应。人类天生受情绪支配，同时带有与生俱来的"战斗或逃跑"的反应模式。当我们与一个难打交道的人打交道时，我们可能会使用消极模式（逃跑）：

"他为什么冲着我来？这又不是我的错。"

或采取挑衅模式（战斗）：

"你怎么敢这样和我说话，我不会轻易饶了你的！"

或控制模式（战斗）：

"这就是像你这样的人会做的事，我不想再听你说任何话。"

在培训中，我常会问参训学员，如果让他们选择一个大多数人第一反应都不赞同的行为，那会是什么。下面是他们想到的：

"如果有人对我态度糟糕，或对我说脏话，那我会好好教教他们应该怎么做人！"

"有些人真是让人崩溃！"

"有些顾客实在让我心情低落，会让我觉得非常有压力。"

随后我询问参加工作坊的学员："你的身体是由谁控制的？你的大脑是由谁控制的？你的行为是由谁控制的？"绝大多数学员都认识到或者说开始接受，他们每个人都需要对自己的行为负责。在与他人沟通时，他们自己是可以选择怎么做的。这通常并不轻松，但是一旦这些技巧为你所用，你的生活便会十分轻松。

"你既不是解决办法的一部分，也不是问题的一部分。"

——埃尔德拉吉·克里夫（Eldridge Cleaver，1935—1998）

美国黑人领袖、作家

↘ 自我实现的预言

在你身上发生过这样的情况吗？即在你准备去会见一位客户或一名新来的同事或你社交圈里的某个人之前，有人向你描述了你即将会见的人是什么样的人。下面我举一些例子来解释我想表达的内容。

有一次，我计划在客户的办公室给他们举办培训，当时我正在和联系人史蒂夫沟通后续的时间安排，包括如何进入大楼、如何找到培训办公室之类的问题。史蒂夫告诉我，我需要在前台找保安登记才能进入大楼。"你从这个保安身上是不会得到什么帮助的。"史蒂夫对我说，"他是一个典型的保安，是一个脾气暴躁的老头，所以他不会给你什么有用的帮助。"于是，当我来到大楼的前台时，我的第一反应是——我和这个典型的保安之间得有一场硬战。但是，在最后一刻，我控制住了自己，并决定运用我教授他人的沟通方法。当见到这个保安时，我用一种温暖、友好的态度告诉他我是谁，并向他询问我该如何找到培训办公室。这个名叫强尼的保安告诉我，他要打几个电话来确认如何找到我想去的办公室。在他拨打电话的空档，我们有一些简短的对话，我们甚至聊到了昨晚当地足球队的发挥情况。

强尼最初确实有一点暴躁，但是经过一段时间的沟通后，他开始变得温和，最终他给予了我所需要的帮助。我用很尊重的态度对待他，花时间尝试了解他，期待他能用友好的态度来回应我，事实上，他也确实是这样做的。当然，在史蒂夫的脑海里存在着他认为的、保安应该有的形象和态度，所以他会依此和强尼相处。史蒂夫预测强尼暴躁且不愿意帮助他人，所以强尼也是这样回应他的。

人们通常会按照你的期待给你回应，这是一种自我实现的预言。所以，如果你正要和某个新认识的人见面，就不要让他人预先决定你的行为。你必须自己决定你自己希望拥有的行为。你的行为是由你自己负责的，还是由别人来负责的呢？

↘ 确定你的默认模式

我们很可能会在不同的模式之间来回切换，但是我们大多数人都有一个主导模式或者叫默认模式。那便是我们在大多数时间里会选择使用的模式。

让我们再回头看看每一种模式，思考一下不同的个性特质可能倾向于使用哪种模式。例如，想想体育明星或者某些政客，他们的主导模式会是哪种。我相信你会有自己的观点，下面我和大家分享一下我的想法。

❖ **有趣模式**。你可能会选择在电视节目中曾见过的滑稽的人或者喜剧演员，我会选钱德勒·宾（Chandler Bing），他是一部电视连续剧——《老友记》（*Friends*）里的角色。他总是会说一些有趣的评论，但是这也经常给他带来麻烦。

❖ **消极模式**。还用《老友记》来举例，我们说说罗斯·格勒（Ross Geller）这个角色吧。他看起来总是在抱怨，也总是给自己招来一些麻烦事。在一些情境中，他看起来是一个很不错的人，但是一转眼，他可能就会变得有点招人烦了。

❖ **挑衅模式**。超模娜奥米·肯贝尔（Naomi Campbell）突然进入我的脑海。她在公共场所经常无法控制自己的脾气。我记得曾有一位法官要求她接受愤怒管理项目的训练。

❖ **体贴模式**。尽管戴安娜（Diana）王妃已经离世，但是她在人们心里永远是一位体贴、关心他人的人，这似乎是她的默认模式。

❖ **控制模式**。玛格丽特·撒切尔（Margaret Thatcher），这位英国的前首相，是一位典型的控制型的人。她总是知道做什么是对国家更好的，同时她也会确保所有其他人都能理解自己的观点。

❖ **思考模式**。我相信奥巴马（Obama）总统是用他的思考模式来进行沟通的。他能够倾听别人谈话，从中收集信息并且做出一个合理的决定。

你可能不同意我说的这些，可能只是不同意其中的部分内容，也可能是全部不认同。但是我希望你能理解我说这些的用意。也希望我说的这些能帮助你思考自己的默认行为模式是什么。让我用自己的行为模式举个例子。在我写这本书时，我的一颗牙齿刚刚出了点状况：几个月前，我做了两个牙冠，而昨晚，在我清洁牙齿的时候，其中一个牙冠掉了下来。我上床睡觉的时候处于消极模式之中："为什么这会发生在我身上？我已经花了很多钱了，现在还得花更多的钱。我还得去牙医那里，躺在治疗椅上重新再来一遍。"我一直这么对自己抱怨着，而突然之间，挑衅模式闯了进来："我不接受，这不行，我花了那么多钱，但牙还是出问题了。我要把这些都告诉我的牙医！"然后我意识到，我在这样的情绪状态下是没法入睡的，所以我将其切换成思考模式："明天我要给牙医打个电话，约一个诊疗时间。我相信用不了多久这个事情就能解决，同时我还可以让牙医帮我看看另外一颗我担心的牙齿情况如何。"然后，我就睡着了。

我们的消极模式、控制模式和挑衅模式会给我们带来很大的压力，这显然是不健康的。运用思考模式对你的健康和幸福都有帮助，也有助于你更好地完成工作。思考模式通常不会是一个人的默认模式，这是一个需要学习和发展的能力。而当你面对一个难打交道的人时，思考模式毫无疑问是非常重要的。所以，在下一章，我们会更详细地讨论思考模式。

3

CHAPTER

第三章

成长型思维框架

↳ 成功的 5 个要素

如果你想成为与难打交道的人打交道的专家，你需要在心理上和身体上都具备足够的能力。那些总是可以成功地与难打交道的人打交道的人，他们将自己的成功归于 5 个关键要素，我想称呼它们为成功的 5 个要素：

❖ 掌控思维；

❖ 信念；

❖ 能量；

❖ 人际关系；

❖ 勇气。

发展这 5 个要素不仅能够帮助你成功地应对难打交道的人，还会帮助你实现成功的人生。

↳ 掌控思维

如果我们希望在生活中达成什么，那么我们首先需要对自己的思维有所掌控。你能掌控你的思维，你才能掌控你的人生。

思维是关于所有在你脑海中出现的对话——那成千上万、你清醒的时候说给自己听的事情。有研究发现，我们每天差不多有 12 367 个想法出现，其中 70% 都是消极想法。

有一天我的会计给我发了一条非常阴郁的语音信息，他说："艾伦，我需要你给我打电话沟通下你的税收情况。"当然，像其他普通人一样，我立刻想到了最坏的结果，同时相信，我一定得花一大笔钱了。而结果却是税收办公室欠了我一笔费用，另外，我还得到了一点税收优惠。但在最初收到这条语音信息时，我的确感觉有点低落和担忧。

你的想法控制着你的情绪，并且会影响你的行为。这个世界上的每次发明都是起源于一个想法。想法是如此有力量。如果你用积极的想法思考，你会得到积极的结果：开心、成功、健康和充满爱的人际关系。如果你用消极的想法思考，你会得到消极的结果：压力、疾病和不开心。

消极想法代价太高

消极的思维和语言，不论是对自己的，还是对他人的，都要付出巨大的代价，包括感到巨大的压力、自尊的丧失、人际关系的破裂等。不仅如此，它还会让你无法得到你生命中想得到的东西。

你曾经说过与以下例子类似的话吗？

"今天只是过往日子的重复而已。"

"我累了。"

"我受够了。"

"我觉得我不可能变好了。"

"我失去耐心了。"

"我没法做好这个。"

"为什么我遇到的每件事都这么糟。"

"我总是迟到一步。"

"我从来也没有过好运气。"

"我实在不适合。"

"如果我能赢得彩票就好了。"

"如果我赢得了彩票，这会给我带来许多麻烦。"

我们告诉自己的事情中，大概会有 77% 都是消极的、事与愿违的、自我挫败的。我们在自我掣肘。问题是，我们意识层面的这些想法会加入到我们的行为模式中，或者会强化我们的行为模式，而这些行为模式则存在于我们的潜意识当中。

如果你把东西弄丢了，你说：

"我真是笨手笨脚的！"

你的潜意识就接收到这个信息并且立即生效：

"好的，你是笨手笨脚的。——那我就让你更加笨手笨脚。"

一些正要公开发言的人，可能会这么对自己说：

"我很可能会卡在一些词句上，然后就只能僵住了。"

他们的潜意识会吸收到这个信息并且采取行动。他们接下来就会在发言中僵住了。

当我们发现我们自己不得不去和一个难打交道的人打交道时，我们可能会这样想：

"这个人会给我造成真正的麻烦。他们可能会不停地抱怨，而我却对此无能为力。"

如果你是这么想的，那么事情很可能也是向这个方向发展的。如果你持续、鲜明地对自己的潜意识说同样的话，那你的潜意识便会对此深信不疑。消极的自言自语带来的代价太高了！如果你允许它继续，它会让你损失巨大。

我总是对举重运动员很着迷，尤其是奥运会赛场上的举重运动员。这个比赛分男女项目，在比赛时，他们需要上台举起一定重量的杠铃。我经常在想，当他们在台上走动时，当他们用树脂粉涂抹双手时，当他们深呼吸时，他们会对自己说些什么呢？如果他们是这么说的：

"那看起来太重了——似乎比我所举过的任何重量都重得多。很可能在我举到一半的时候杠铃会掉下来，这会让我看起来像个傻瓜一样，也会给我带来一系列的伤害……"

如果他们对自己说这样的言语，会发生什么呢？他们的潜意识会说：

"好的，你说你举到一半时杠铃会掉下来。那我会这样安排一下，同时我会试着让你在这个过程中受伤。"

当然，这只是假设，并不是真实发生的事。这些举重选手都经过多年的严格训练，他们会在心里大喊：

"你可以举起这根杠铃，并把它推向天花板。你会打破世界纪录！你会赢得这场比赛！世界上的每一个人都会见证这个过程！"

在面对生活中日复一日的工作及事务时，我们其实与这些体育选手并无差别。如果你总是消极地思考，你的潜意识也会关注这些消极的部分。如果你觉得自己会生病，你就真的会生病。如果你想着厄运和灾难，那么你的命运便会如此。但是，如果你想着健康、开心和成功，那么你距离达成便不远了。

> "人快乐的程度多半是由自己决定的"
>
> ——亚伯拉罕·林肯（Abraham Lincoln）

我是在很多年前读到这句话的，我也知道有些人可能对此颇有异议。生活中，我们都要面对一些困难的情境，应对一些不太好相处的人。但是，我决定让自己尽可能快乐。现在，我也推荐你们这样做。

关注生活中的积极方面，即关注那些你能达成的事，而非你无法达成的事。多想想过去的成功经历，而不要反复咀嚼失败的滋味。朝着你想要去的地方进发，而不是停留在原地。

聚焦于积极的方面

有一个故事，讲的是一名年轻人，他确实拥有积极的思考模式。他的工作伙伴们经常愚弄他、嘲笑他。有一天，他告诉他们，积极的自言自语具有强大的力量，如果他对自己说他能飞到空中，那么他就具备了飞到空中的能力。"证明给我们看。"他的工作伙伴们起哄道。于是他去到办公楼的 20 层，从那里跳了下去。当他飞过 10 层楼的窗户时，他听到大家大声说："哇呜，到目前为止似乎确实如此。"

这类积极思维并不是我在本书中所说的积极想法。有时候，当听到人们说"往积极的方面想"时，我会有些厌烦。而我所倡导的是，在面对生活中遇到的所有事时，我们要把注意力聚焦于积极的方面。

举例而言，如果有一位顾客向你投诉你们的产品和服务有些问题，你很容易这么想："我们搞砸了。我们要失去这位顾客的这单生意了。这真是一场灾难！"而更好的想法是："好吧，我们犯了一个错误。我们可以从这个错误中学到什么呢？我们是否可以不再犯相同的错误，同时提高我们的产品质量和服务质量呢？"

通常的情况是，当你解决了一位顾客提出的问题并道歉和弥补之后，这位顾客会原谅你并且成为一位更忠实的客户。

再举个例子。当你发现身上某处有一个很小的肿块或身上有某个印记时，积极的思考模式会让你这么说：

"这没什么。我不用管它，它会自己消失的。"

另一方面，消极的思考模式却会让你这样说：

"哦，天啊！我得了癌症。我马上就要活在疼痛和悲惨里了，我可能就要死了。"

聚焦于积极的方面，你会这样说：

"不管这是什么，我必须立即去医院做个检查。在当今社会，医生有各种各样的好办法可以治疗这样的问题。"

当面对顾客或者员工的时候，你总是会遇到各种各样的挑战。聚焦于积极的方面可以帮助你更轻松地应对它们。

觉察你对自己所说的话

本节的目的是让你去倾听自己内在的声音，你在对自己说什么，你在对他人说什么。同时，问自己下面这样的问题：

"我对自己说的这些话，是否能帮助我变得更加自信？是否能让我变得越来越好？"

如果回答是肯定的，那太棒了！或者你也可以这样问自己：

"我对自己说的这些话，是否在自我设置障碍、让自己无法实现自己想要的生活与成就？"

如果你属于这样的情况，请立即停止它并且改变你的模式。

像很多人一样，我在事业上追随理查德·布兰森（Richard Branson）和他的维珍帝国。多年前，我读过一篇文章，文中称，那个当时已经具有一连串成功故事记录的布兰克，正打算创立一家航空公司。我记得有些人十分不看好他，言语间多有体现。

"理查德·布兰森以为他自己是谁啊？他如何能够创立一家航空公司，如何能够和世界上其他大型的、已经有多年历史的、有强大实力的航空公司相抗衡？这个任务难度太高了，还是面对现实吧，仅仅购买飞机就已经需要巨额的花费，更别提后续各种运营支持了。"

但是，布兰森并没有自我怀疑，或者至少他不允许任何自我怀疑拖累自己前行的脚步。开始时，他先租用了一架飞机——之后发生的一切，都已经写入历史了。理查德·布兰森有着积极的自我信念，这给了他积极的期待、带来了积极的决定性行为。而这，对我们每一个人而言都适用，我们需要做的只是聚焦于积极的方面。

思考，而不是直接反应

你如何看待你与自己的关系，这将会决定你可以在多大程度上成功地与难打交道的人打交道。你与自己的关系是你所有的人际关系中的重中之重，所以你必须处理好这个关系。亨利·福特（Henry Ford，1863—1947）是美国实业家，福特汽车的创始人。这个开启交通混乱时代的人曾经说过这样一句话：

> "思考是世界上最难的事，所以才会有那么少的人去这么做。"

那些能够成功地与难打交道的人打交道者，他们都对自己有深刻的认识。他们清楚知道自己想要什么，明白自己的优势和不足，也了解自己的情绪。他们对自己非常诚实，所以，他们也同样诚实地对待与自己互动的人。

成功的人对自己有信心，也能接受自己的弱点，而不把这视为自己个人的失败。对某事不明白时，他们会直接提出；在有需要时，他们也会主动求助。

你是否曾经在会议上提出过问题，自己可能感觉这个问题有点傻，心想，这是其他人可能都知道答案的问题。却不料在茶歇时，有人这么说：

> "我很高兴你问了那个问题，因为我也不知道这个问题的答案，却又不好意思去问。"

成功的人有勇气挑战他们所听到的一切，不论这些是来自自己的内心还是来自他人。

↘ 信念

成功 5 要素中的第 2 个是信念。信念主要取决于我们如何控制自己的思维以及与自己的对话。对自己的信心是你的动力源泉，而这又会激发出你的能量，让你与难打交道的人交往。那些对自己或对自己要做的事没有信心的人，他们真的会发现生活中充满了困难。当然，当你在承受来自顾客、老板或者生活中他人的压力时，要坚持相信自己确实是在面对一件很有挑战的事。

我开始计划我的演讲和培训事业是在 1993 年。当时有很多好心人规劝我。

> "你真的很勇敢——培训行业竞争非常激烈。"
>
> "你真的认为现在是开创一个事业的好时机吗？"
>
> "你打算去哪里找客户呢，要知道，你现在并没有依托于任何一个培训机构。"

如果听取了他们的"规劝"，那么我便永远也不会去尝试这些挑战了。但是，我相信自己能够做到。当然，我也有过瞬间的犹豫，但那是自动反应而非思考后的决定。

当我着手写第一本书时，也遇到了相同的情况。如果你曾经也经历过一样的过程，你会知道我在说什么：被拒绝、被拒绝、被拒绝。我向位于美国、英国、澳大利亚和新加坡的多家出版社发送了我的出版申请。但出版社的回信基本都是告诉我，他们对我的书是否能有市场并不看好。为了增强对自己的信心，我让自己一直想着像 J. K. 罗琳（J. K. Rowling）这样的人，作为系列畅销书"哈利·波特"（Harry Potter）的作者，她也曾经被拒绝过无数次。我相信，那些写出自己第一本"鸡汤"书的作者不得不自助出版自己的书，因为没有出版社愿意出版该书。

我之前说过，当生活中他人持续不断地告诉你有哪些事你无法做到时，坚持相信自己是一件非常困难的事。你必须保持积极的自我对话，聚焦于积极的方面并且对自己抱有信心。

忘记所谓的目标

许多激励取向的演讲者和自助图书都会告诉你，你必须要设定目标。过去，甚至我自己也鼓吹目标设定的重要性。你需要写下你的目标并对其进行细化，不论是在家庭生活方面、友谊方面、财务方面、职业方面、休闲娱乐方面、健康方面、学习方面、教育方面还是精神生活方面，均是如此。但是，我现在得出一个结论，那些有着强大的自我信念的成功人士，是不会用这种方式进行目标设定的。为什么呢？因为他们一直忙于做那些必须要做的事，那些可以帮助他们得到他们心中所想的事。

成功人士不会花时间写下他们想从生活中得到什么，而是直接去做。如果我们希望成功，不论是哪种成功，我们都必须先问自己以下这样一些问题。

"我真正想达成的是什么呢？"

"我的梦想和渴望是什么呢？"

"我想建立什么呢，想创造什么呢？"

"我想成为哪一类人呢？"

　　你需要清晰地确认，你想从生活中得到什么。什么是你渴望得到的？什么是你真正想完成的？

　　如果有人把你的头按进水里，你会快速意识到你想要什么——氧气！如果你想成功，你得有这样类似的感受。我们大多数类似的经验来自于陷入爱河的体验。我们几乎会倾尽全力去给我们所爱恋的对象留下美好的印象、去创造与他/她待在一起的机会。

　　这是人们创造成功的方式——城市是这样被建设起来的，产品是这样被开发出来的，珠穆朗玛峰是这样被征服的，人类也是这样踏上月球的。你想达成的可能不是如此宏伟的目标——你也许想拥有一项成功的管道业务，或者成为一名出色的会计，或者成功跑完一次马拉松，或者只是希望能够在自己的生活中成功地与难打交道的人打交道。不论你的目标是什么，一旦你确认并且聚焦于自己的目标，你便会感受到自己想达成它的内在动力。

弄清你想要去的地方

　　游泳选手弗洛伦·查德维克（Florence Chadwick）的故事，相信大家都已熟知。当她第一次尝试在英吉利海峡游泳时，她面对的是巨大的海浪和寒冷的海水。她的训练员一直在她身边的一艘船上陪伴着她。他们用动物油脂涂抹在她的身上，保护她免受寒冷的海水带来的伤害；用吸管给她提供热汤，让她驱寒并保持体温。可以说，她拥有可以辅助她成功的一切要素。

但是，突如其来的一场厚重的大雾，让视线可见范围局限于1米以内。海水似乎变得更加寒冷了，而海浪也越来越高，她的胳膊和腿也开始不时地抽筋。最终，她放弃了努力，请求训练员把她带回船上。她不知道的是，她距离岸边其实只有非常短的距离了。新闻记者问到她为何在距离岸边只有那么短的距离时却选择了放弃，她回答得非常简短：

"我看不见我的目标了。在我的心底我并不足够坚信它。"

你需要拥有一张清晰的心灵地图，在上面标示你确定想去的地方。你需要能够看到自己成功的样子并且不断朝它努力。在这之后，你会拥有更好的机会去达成你想达成的一切。

也许你想知道弗洛伦·查德维克后来的情况。1950年8月8日，她成为第一位横渡英吉利海峡的女性游泳选手，用时13小时25分钟。

离开你的舒适区

想一想你每天在做的事情，问问你自己："我此刻正在做的事情，能够帮助我得到我想得到的吗？"如果答案是"否"，那么就立刻做出改变。离开你的舒适区，改变你的习惯。

有一天，一位健身教练看到我使用一架器械锻炼时，对我说："让我教你使用一个新的锻炼方式吧。"你很可能已经猜到了，所谓不同的方式其实是一种强度更大的方式，更多的疼痛更可能产生理想的效果。

人类的身体总是会找出一种轻松的方式来做事，大脑也是如此。但是，正如我们所知，没有付出就没有收获。所以，如果希望事情有所不同，你就要做出改变。

美国心理学家亚伯拉罕·马斯洛（Abraham Maslow，1908—1970）曾说过：

> "如果你刻意不尽自己原本的能力去做事，那么我想提醒你，你接下来的人生不会开心，你会离自己的个人能力越来越远，你也会离自己的无限可能性越来越远。"

请记住我之前所说的关于我们对自己所说的那些负面的话和灌输给自己的负面信念，请不要让它们成为自己的绊脚石。

改变自己的信念

如果你对自己持有负面信念，有一个办法能够改变它们。你的潜意识总是会尝试带走你的痛苦，让你更趋近快乐。所以开始尝试把自己的痛苦与自己的负面信念建立联结。想一想，它们会如何牵绊你的脚步，如何阻碍你达成自己希望达成的一切。想一想，如果你都没有尝试过，那会感觉多么糟糕、多么悲惨。

老人很少后悔他们曾经做过的事，但是常常遗憾他们没有去做的事。所以，想象一下，当你 75 岁或 80 岁高龄时，如果你从来没有进行过尝试，那会是种什么样的感受。然后再想象一下，如果你达成了你希望达成的一切，你会有多么开心。如果当你年纪更大时，你回头来看现在的自己，回头看一看那些你没有达成的事情，你至少能够这么说："我尝试过，我尽了自己最大的努力，而不是一直坐在替补席上。"

↘ 能量

如果你想要成功地与难打交道的人打交道，你需要具备许多能量。你需要大脑的能量，同时也需要身体的能量。

大脑能量

与难打交道的人打交道会耗费诸多的大脑能量。当你刚刚与一位顾客或上司进行了一场艰难的谈话后，你会感觉精疲力竭，甚至会有一点累得发抖的感觉。这是因为你的身体在竭尽全力地进行新陈代谢，这种情况通常就是我们所说的压力状态。

　　当你处于压力状态下时，你的身体系统里像被灌进了一整杯的化学鸡尾酒。于是，"战斗或逃跑"的反应出现。此外，我们的肾上腺释放出激素来帮助我们实现战斗或者逃跑。当压力减轻时，这些化学成分在你的身体里依然有部分残留，它们依然在尝试帮助你进行战斗或逃跑准备。这就是我们经常感觉发抖的原因。如果你从事客户服务工作，便会很清楚面对公众时会有多大的压力。在地面上钻洞或者从事其他体力劳动也会让人很疲惫，但那只是身体上的，而大脑工作会让人在精神上和身体上都精疲力竭。所以在与这些难打交道的人打交道时，你需要在身心两个方面都做好准备。

　　你可能会想，面对压力，你什么都做不了，也无法阻止大脑能量的流失。但是，我们可以提前预见并进行思考而不是直接做出反应。直接反应会极度消耗大脑能量；而思考所需的消耗则更少。直接反应的行为模式，如攻击、控制或消极反应等，会榨干你的大脑能量。而思考模式则不会。

　　举例来说，一位顾客可能会来电投诉。

　　"你给我寄送了错误的订单。这不是我下的订单。这个订单对我来说毫无用处，对我来说，你也是这样的。"

如果你的内在直接反应是如下这样的：

> "哦，不，这是场灾难。这位顾客要发飙了，而我却不知道该说些什么。他确实非常生气，我现在紧张死了。"

那么，所有这些都是来自于你的消极模式，这会榨干你的能量。请立刻切换到你的思考模式，这样对自己说：

> "好的，我现在要应对一位愤怒的顾客。我可以理解他为什么愤怒，接下来我会用自己的技能来妥善处理这件事。"

千万不要使用"哦，不"这样的词汇。你每一次对自己说"哦，不"的时候，你的大脑都会体验到能量的急剧流失。

如果你的工作是需要应对难打交道的人，那么除了使用思考模式之外，你还需要找到其他可以对自己有所帮助的事来做。回家瘫在电视机前或向伴侣抱怨都不会帮助你补充大脑能量。许多人也会去做其他消极的事情，但这些都是无效的。例如，他们会抽过量的烟，或者吃过多的食物，或者喝过多的酒。有时候你需要推动自己去做一些活动，这样能很好地帮助自己给大脑充电。这里有一些建议，但是我相信你们可以想到更多：

❖ 体育活动；

❖ 观看体育活动；

❖ 演奏音乐；

❖ 聆听音乐；

❖ 重拾一项爱好；

❖ 游泳；

❖ 和朋友在一起；

❖ 开怀大笑；

❖ 做爱；

❖ 学习跳舞。

记住，停止负面的事物——它会害了你的！

身体能量

我相信你现在已经很清楚了，如果你吃太多、吃不恰当的食物、抽太多烟或喝太多酒，你的身体便会有垮掉的风险。如果你想成功地与难打交道的人打交道，想成功地应对自己的生活，那么，你需要好好照顾自己的身体。只有你能够更好地照顾自己的身体，变得更加健康，你才会有更多的自信来与难打交道的人打交道。

我经常观察大街上的人们，他们看起来真是毫无生气——糟糕的皮肤、黯淡的头发和超重的身躯。我有一些朋友，他们有的 40 岁左右，有的 50 岁上下，有的 60 岁出头，但他们看起来都棒极了。对身体的良好感觉让你能更加自信地选择自己的行为模式，更有自信应对难打交道的人。所以，照顾好自己的身体非常重要，包括需要规律地对牙齿和眼睛做检查。如果你不想去健身房，那也没有问题，但是你需要找到其他一些能够让你提高心跳速度和出一点汗的运动来做。

几年前，我决定学习跳探戈。这是一项很好的运动，因为它不仅很有趣，而且让我结识了许多新朋友。我喜欢吃各种各样的食物，也喜欢喝啤酒和葡萄酒。但是我肯定希望照顾好我自己的身体，以便保证自己可以继续工作，尽可能长久地工作下去。我建议你也这样做。

↘ 人际关系

要真正成为擅长与难打交道的人打交道的人，你需要学习和应用友善的魔力。我说其具有魔力，是因为如果你发展了这项技能，会让自己的生活轻松许多。

在写下这些的同时，我接到一个电话，来自我的朋友强尼。他告诉了我他最近送父母到机场的事情。办理登机手续的时间是上午 6 点 20 分，强尼和他的父母于上午 6 点到达机场。强尼注意到，有两位女士站在登机办理柜台后面聊天。于是，他找到其中一位女士，向她询问是否可以提早安检他们的行李，虽然当时比规定的时间提早了 20 分钟。但他得到的回答是一个简单的"不行"，同时，他被告知他们需要先去其中一个机器上打印登机牌。这让强尼十分生气，并非因为他无法办理登机手续，而是因为工作人员和自己说话的方式。其实，他知道年老的父母在机器上打印登机牌时会遇到困难，他也很高兴自己能帮助他们。

登机手续办理柜台后面的那位女士几乎没有任何与人建立联结的能力。她很可能是因为技术方面的问题而无法帮助这对年老的夫妇办理手续，但是她并没有做任何解释，而是简单地回应"不行"。作为顾客，强尼很可能会把这样的回复理解为她一点也不想做任何灵活的处理，也不想给予任何帮助。在顾客服务场景中，顾客得到的回答经常是"不行"，但是重要的是，你是如何说"不行"的。在这个例子里，机场服务人员的做法会让她为自己招来大量难打交道的顾客。

为了减少难打交道的人的数量，你需要提高自己应对他们的能力，需要变得善于建立人际关系。人际关系并不只是对人说话这么简单，它关乎倾听并理解他人如何看待当前的情境，关乎共情和理解他人感受的能力。

让我们看一个小故事。三个人在一片美丽的森林里散步，其中一个人是艺术家，另外一个是植物学家，第三个则从事木材生意。当他们在森林里漫步时，艺术家在想：

"这是多么美的一座森林啊，看看这些让人震撼的景色！之后我会找时间再来一次，下一次我要把这一切都画进画里。"

植物学家漫步在森林里，她一直低头在想：

"我从来没有见过这么多美丽的植物——我想花更多的时间好好研究它们。"

那个从事木材生意的同伴则一路上都在查看每一棵树，他在想：

"这里有一些非常棒的木材，我可以砍掉它们带回去卖，我会发财的。"

这个简单的故事告诉我们，我们看待世界的方式各不相同。那些有着良好的人际交往能力的人能够很好地理解到这些不同，并且在与他人沟通时将这些不同考虑在内。良好的人际关系建立技巧在于向他人传达你看待世界的方式与他们看待世界的方式是一致的。当我在做销售培训的时候，我会用到这样一句话：

"人们确实从他人手里购买东西，而他们只从与自己相似的人手里购买东西。"

NLP

神经语言程序学（Neuro-Linguistic Programming，缩写为NLP）是一门在应用心理学界快速成长起来的学科。NLP 从业者们讨论的是关于镜映和匹配他人的行为。这不是指模仿他人，更多是按他们所做的那样去行动，让他们感觉你和他们之间的关系默契和谐。许多人天然就能做到这些，我们来举个例子。

假设你刚刚见到一些朋友，他们还带了一个小孩子。和你的朋友聊天时，你可能会知道，用一种成年人的态度和姿态进行交谈。但当他们向你介绍这个孩子的时候，你很可能会蹲下身，让自己处于与孩子相同的高度，用更轻柔、更孩子气的语气对孩子说话。换句话说，当你与一个孩子说话时，你所使用的词汇和语调及呈现出的身体语言与跟成年人说话时很不一样。

当与成年人互动时，如果你能匹配他人的语言、语调和身体语言，你与他人建立联结的质量便会有显著提升。举例而言，当与一个说话非常轻柔、缓慢的人沟通时，如果你同样也使用轻柔、缓慢的说话方式，那么这会非常有利于你们之间的关系建立。你可能天生说话快速且大声，但是在这种情景下，原有的说话方式对你们关系的建立并没有帮助。

NLP 强调的另外一个重要因素是，当我们与他人沟通时，我们有自己的感受性倾向。视觉型的人更容易受自己所看到的事物影响；而听觉型的人会更容易受到自己耳朵接收到的信息影响；感觉型的人则会更容易关注到自己的感受。另外，还有嗅觉型的人，他们主要受到自己所闻到的气味的影响；味觉型的人，他们主要受自己所品尝到的味道的影响，但是这两个类型的人在人群中所占的比例较少。

我们大多数人通过视觉、听觉或者感觉进行交流。视觉型的人会这样说话："我看懂你的意思了。""这个看起来不错。"而听觉型的人可能会这么说："我听懂你在说什么了。""这个听起来不错。"而感觉型的人可能会这么说："我对这件事有很好的感受。""我感觉很不错。"

所以，要与他人建立良好的关系，需要考虑到他们各自的感受性取向。对一个视觉型的人，你可能要这么说："让我看看你想表达什么。"如果你认为一个正在与你打交道的人是一个听觉型的人，可能这样和他说话更合适："再跟我说说，你指的是什么。"如果你意识到自己在和一个感觉型的人打交道，你可以这么说："你可以跟我描述下你想表达的是怎样一种感受吗？"

如果你想要更好地识别出每个人各自的感受性取向，你可以想一想你自己以及那些与你关系密切的人。举例来说，我是视觉型和感受型的人。我之所以知道这个，是因为我并不是特别喜欢听音乐。我只有大概 6 张 CD，我的人生中只去过两场音乐会。我更愿意去看一场电影，或者去剧院看各种演出。我对艺术也很感兴趣。另外，在大街上，我经常在朋友们看到我之前就已经先认出了他们。所以，如果你想向我解释一些什么，最好使用图画或者直接以文字写下来。如果让我的手里拿些什么东西，那我感觉型的一面会觉得很满意。那些不是典型的听觉型的人，可能也不会太愿意看书。这是因为，当我们阅读的时候，我们倾向于在自己的大脑里对自己念出这些语句，所以阅读更多是一种听觉型的活动而非视觉型的。

在举办工作坊时，我经常让学员念出一些材料的片段，并在小组里对此进行讨论，这是满足那些听觉型的人。我为视觉型的人准备的是视频材料或者幻灯片，同时我会组织大家做一些演练，这样感觉型的人便能够感受到他们所学到的知识。

我想谈一谈高度嗅觉型的人。你可以在超市里将他们识别出来，因为当他们选购洗衣液或清洁剂时，经常会打开盖子闻闻其味道。其他人可能会不太理解这样的行为，因为他们更关心这些产品是否好用，而不是它们闻起来如何。

希望和他人建立良好的人际关系，便需要找出他们的感受性偏好，用他们的方式与之沟通。

保持兴趣

成功人士通常都是建立良好人际关系的高手。我遇到过几次这样的人，每次我都会惊讶于他们展示出来的、对我的兴趣。你可以尝试观察你每天见到的那些人，同时演练建立人际关系的技巧。与每一个你每天会接触到的人聊一聊。我曾在我生活当地的超市做过一些观察，对人们在结账时对待收银员的态度常常感到很失望。收银员通常会说"你好"或者"早上好"，而他们得到的回复经常是含混不清的咕哝。当他们告诉顾客账单总额时，顾客会将自己的信用卡递给收银员，一直到结账完毕离开柜台，他们也不会说任何一个字。我总是强调，在一天之中，收银员会至少期待从一位顾客那里得到一些回应。而这些练习能让你意识到，你在什么时候可能遇到难打交道的人；当不得不与之打交道时，你该怎么做；什么样的人是难打交道的人。

↘ 勇气

这是指采取行动的勇气。如果你想在与难打交道的人打交道方面不断取得进步，你需要勇气让自己保持主见，也需要勇气改变自己的行为模式。你需要勇气去面对和真正去应对难打交道的人。事实上，经常发生的情况是，你不想与人打交道是因为你不喜欢冲突。你也害怕，即使自己面对了冲突也不会让事情有什么变化。本书会给你一些实质性的帮助，让你更有信心与难打交道的人打交道。但是，你需要让脑海里的自言自语持续以一种积极的方式进行。

> "勇气是人类品质的第一要素，正是因为有了它，其他要素才得以存在。"
>
> ——温斯顿·丘吉尔（Winston Churchill，1874—1965）
>
> **英国政治家，曾任首相**

许多管理者会忽视员工的不当行为，因为他们相信，指出这些问题会带来冲突，让员工降低工作动力。而这样的忽视带来的结果是员工会继续表现很差，而其他团队成员的工作动力则会降低，而这也会影响到顾客服务和公司的生意。管理者应当有勇气及时处理那些难打交道的员工。这会让管理者们的工作进行得更顺利，同时大大减少工作压力。当面对难打交道的情境时，听取你内在的声音并且问自己这样的问题：

"我做的这个决定，对我来说是最好的吗？"

如果这个答案是"否"，那么改变它。

请记住我说过的这个故事，我曾经在想要邀请我心仪的姑娘约会时感到非常害羞，但我还是鼓起极大的勇气提出了邀约。在那一天结束前，我很庆幸我这么做了。

感受自己的恐惧

如果你发现自己缺乏勇气去做一些事情或处理一个麻烦的

情况时，问问自己："如果我不做这些，会有什么结果呢？"
你可能会想到以下这些答案：

❖ 这个问题会继续存在；

❖ 他人会认为我是个无能的人；

❖ 我会在这类事情上不断吃亏；

❖ 我仍然会感到担心；

❖ 我会对自己有很糟的感受；

❖ 之后我会后悔。

然后你问问自己："如果我去处理这些事的话，会有什么
后果呢？"以下是一些可能的答案：

❖ 我会感觉好一些；

❖ 这个问题会被解决；

❖ 如果没有解决，我也会因为我做了尝试而感到高兴；

❖ 其他人会佩服我；

❖ 我未来不会在同样的事情上吃亏。

"我不焦虑"这件事反而让我焦虑

与一个难打交道的人打交道可能会让你感到紧张。对我而
言，这是因为在将要面对一个难打交道的顾客或员工时，我会
非常忐忑。下面是我的一些关于紧张的思考。

当我在开展关于演示技巧的讲座时，学员不可避免地会谈

起关于紧张的话题和演讲勇气的话题。

我想你一定听过这样的话："我做不到在人群面前演讲"。公开演讲很显然是让我们最为害怕的事情之一。基本的恐惧是害怕在他人面前出丑。

在讲座中，我会解释，焦虑其实是一件好事。紧张或者害怕会调用你身体里所有的应急化学物质，帮助你应对正在面对的危机。这些化学物质会让你的大脑更加敏锐，给你更多的能量让你更好地应对演讲。当你因为与一个难打交道的人打交道而感到紧张时，你的身体一样会调用这些化学物质来帮助你应对。害怕是一件好事，但是要在你能够认识到它、可以控制它的前提下——这就是我们通常所说的勇气。温斯顿·丘吉尔曾说过：勇气是人类的第一品质，它能够定义我是谁。

不用怀疑，所有的商业成功人士都具备挑战自己的勇气、与难打交道的客户打交道的勇气以及处理其他一些困难情况的勇气。他们需要勇气使其运用与众不同的方式做事、挑战传统。他们同样需要勇气让自己坚定信念，不让他人干扰自己的思考。

有两个男人习惯每天从办公室一起离开，一起走到公交站。在去公交站的路上，其中一个男人会在路边的一家报亭买一份报纸。报亭老板总是脾气暴躁、态度恶劣。但是，买报纸的这个男人总是很有礼貌地对待他。有一天晚上，这个男人的朋友说：

　　"我不理解你为什么总是这么礼貌地对待那个家伙，而他总是那么粗鲁。"

买报纸的男人回答：

　　"我不会让那个人的行为影响我自己的行为。我能够控制自己的行为，我选择礼貌而尊重地对待他。他想怎么做，完全取决于他自己。"

　　成功的商业人士必须有勇气挑战他们自己，接受他们可能并不总是正确的事实。他们需要听取他人的建议，研究做事情的新方式，以及思考事情的新方式。

　　苏珊·杰弗瑞（Susan Jeffers）有一本书，名为《带着恐惧前行》（*Feel the fear and Do It Anyway*）。这也是我给你们的建议。

4

CHAPTER

第四章

未雨绸缪

> "并没有所谓的坏天气，只有不恰当的穿着。"
>
> ——比利·康诺利（Billy Connolly，1942—）
> **苏格兰喜剧演员、音乐家、演员**

你会在生命的某个时刻不可避免地与难打交道的人打交道。如果你做的工作是客户关系类，每天需要与公众打交道，那么你比他人更可能需要与难打交道的人打交道。正如生活中的许多事情一样，采取预防的行为要远比在毫无防备的情况下承担后果更好。你会规律地去看牙医吗？你这样做是因为希望自己有迷人的笑容，也不想承受牙痛以及牙齿掉光的情况。在你和他人打交道时，情况也类似——如果我们可以改善我们的沟通技巧，就能够让我们生活得更加轻松。

我想你们很可能感觉自己能够在与人打交道的事情上表现得还不错。然而，你也许会在无意识的情况下说些什么或做些什么，导致某些沟通状况突然恶化，而这会增加你需要面对难打交道的人的可能性。

我们一起看看哪些要素可以降低你面对难打交道的人的概率。

↘ 人际 / 商业层面的沟通

与人沟通可能发生在两个层面：人际层面和商业层面。在商业层面必然会存在交流和沟通。例如，在商店买一条巧克力，此时需要商业层面的沟通："请帮我拿一条巧克力，里面有水果和坚果的那种。"例如，在办公室中的沟通："玛丽，请你帮我录入一下这份报告，今天下午交给我。"如果你在这些商业层面的交流中增加一些人际层面的交流，会让整个交流质量更高。

请你花一些时间想象一个你体验到非常棒的客户服务的时刻。也许是预定一次旅行时，也许是与公共事业公司沟通时，也许是你在商店购物时。尝试花点时间想象一下，是什么让你感觉这些服务很好。当我与团队做这个练习时，他们开始总是告诉我一些在客户服务中体验不好的故事，而很难想起体验良好的情况。不过，最终大家还是会找出一些良好的客户服务的例子，关于是什么让自己体验比较好，他们一般会说以下内容：

❖ 和我交流的服务人员态度非常好；

❖ 他们认真听我说话；

❖ 他们让我感觉自己很重要；

❖ 他们竭尽全力为我提供服务；

❖ 他们非常友善；

❖ 他们能够在沟通时称呼我的名字。

偶尔也有一些人会这么说：

❖ 服务响应速度快；

❖ 他们准时送达商品；

❖ 产品或者服务的真实情况与承诺相符合。

第一组回答通常多于第二组回答。换言之，人们在衡量一项服务质量时，是基于在这个服务里与服务人员的沟通质量。而这些其实都是人际层面的交流。第二组的回答是商业交流层面的回应，我们期待商品或者服务能够准时送达，期待它们与承诺保持一致。

同样，我常常让讲座的参与者描述一份工作，如果这份工作让他们享受其中，那么是什么让他们感受良好，以下是他们很少会说的内容：

❖ 我的薪水高；

❖ 工作条件非常完美；

❖ 我们有一流的职工餐厅；

❖ 我能够参加一些非常棒的培训课程；

❖ 我觉得这份工作能给我带来稳定感。

他们更可能说的是以下内容：

❖ 我的老板总是能够认真听我说话；

❖ 他让我感觉自己的发言有价值；

❖ 他很严格但是很公平；

❖ 我的经理曾经说我干得不错；

❖ 她能够在我没有做好的时候给予我帮助；

❖ 她告诉我公司正在发生的事；

❖ 我有一些很好的同事，我们在一起有很好的团队配合。

以上评论中，第二组是人际层面的回应。

当与他人交流时，人际层面的回应是非常重要的。不管是面对面的互动，还是通过电话或邮件的互动。我们需要在工作中加入"人"的元素，人们经常这么跟我说：

> "我没有时间做这些柔声细语、温柔体贴的事，我的目标是完成工作！"

对这个问题，我的回答是：

> "如果你在与人打交道的时候引入了人际层面的回应，不论对方是顾客还是员工，那么你的工作会完成得又快又好，而且更少出现差错。"

这不是柔声细语的做作之事，而是关乎你与他人打交道时如何满足对方的需要。要知道，人几乎全都是受情绪驱动的。

所以，这对我们的实际生活意味着什么呢？当与他人打交道时，你可以在公事化的对话中加入一些人际层面的对话。让我们举个例子。几年前，我仍打算在英国的约克郡购置一处房产。有一天，在上午的看房行程结束后，我和妻子走进了一家乡村酒吧。酒吧的老板是这样欢迎我们的：

"下午好，先生，下午好，女士。请问我可以如何为两位效劳呢？"

"我们想要一些午餐，还有一些饮品，谢谢。"

"没问题，先生。我马上把菜单给您送来，您想要喝些什么呢？"

"我想要一杯啤酒，我妻子想要一杯橙汁，谢谢。"

他边为我们准备饮品，边和我们闲聊：

"你们今天从很远的地方来吗？你们是来度假的吗？"

我告诉他，我们打算在这个地区购买房产。在安排下菜单和倒饮料的间隙，他跟我们说了几处值得考察购买的地点，给予了一些在这个区域购买房产需要关注的点。他真是个不错的人，他让我们感觉很温暖，也让我们对这个区域留下了美好的印象。

让我们来设想一下，即使我发现酒吧提供的食物有问题，或者上菜的速度太慢，我也很难对酒吧老板发怒。我想我很可能会去找他，运用思考模式来和他沟通，同时我也相信，他能够理解和接受我的抱怨。假设换一种方式，如果他是一个冷漠、沉默寡言的酒吧老板，那我很可能在遇到问题的时候运用控制模式或挑衅模式来和他沟通，而他的感受便很可能就是在应对一个难打交道的顾客。

有这么一种说法：

> "我们遇到的顾客都是我们应该遇到的。"

当我们与他人打交道时，不论对方是否为难打交道的人，很重要的都是在对话中加入一些人际层面的沟通。

我所遇到过的最好的经理，会显示出对我这个人的兴趣。我现在都能够想象，一个销售经理在打通每个电话时，开场的方式都是询问我妻子的情况或我的假期如何，或者其他一些事情，这让我感觉他关心我。但是他完全不是柔声细语的类型——他知道自己想要什么，也会让我知道这一点。他需要我购买更多的产品，而我也总是尽力在他这里购买，因为我知道他给我的价格很公平。

在人际层面进行沟通能够增加你的亲和力，增加你应对难打交道的人的成功率。让我们一起来思考一下还有哪些方式可能增加你的亲和力。

↘ 打造你的亲和力

你认为奥巴马为什么能以压倒性优势当选美国总统？这很可能是因为他提出的政策有吸引力，或者因为他的竞选团队里拉到了更多的投资，又或者他有能力用极富感染力的方式传达出美国人民期待看到的希望、答案和信念。甚至有人说，与奥巴马的对手约翰·麦凯恩（John McCain）相比，押注在奥巴马身上胜算更大。我想答案可能综合了以上所有的猜测，也可能还不止这些。但是，我认为这些因素里面最重要的是，他具备高度的亲和力。

所以，亲和力有什么作用呢？投票时，我们能确定不是投票给某个个人，而是投票给我们认可的政治方向吗？然而，我不认为我能做到不考虑任何个人因素。同样，也有很多政客常常会忘记，投票者也是人类，而人类的特质之一，就是常常更倾向于受情绪驱动，而非受逻辑驱动。我们总是会让我们的心灵统治我们的头脑。如果我们不喜欢某人，那么这个人不论说什么都无济于事。政客们在亲和力上的得分会在很大程度上影响大众对他的信任度。

罗杰·阿勒斯（Roger Ailes，1940—）曾是尼克松总统、里根总统、老布什总统的媒体顾问，他便曾经写下过这样的话：

> "在商业和政治中的关键因素是亲和力。当所有的条件都相当时，我们更倾向于投票给那些我们感觉自己喜欢的人。"

但是，政治家中有许多人看起来完全不考虑这个因素。我们可以回顾一些受到亲和力因素影响的公众人物。例如，比尔·克林顿（Bill Clinton）曾经经历过一段困难时期，却没有受到太大的伤害，其中的主要原因是美国公众对他很有好感。而玛格丽特·撒切尔夫人在经历同样的困难时期时，受到的伤害却远多于她所应该承受的，主要原因是很多人并不喜欢她。戴安娜王妃的葬礼也让我们清楚地了解到有多少人喜爱她。这场悲剧如果意外发生在其他任何一位皇室成员身上，绝不会引发民众那么多的悲伤和哀悼。

亲和力因素也同样会影响商品和供应商品的企业。作为普通大众，我们通常并不那么在意产品本身，而更多关注这个商品的品牌。若干年前，宝洁公司开发了碧浪来与宝丝公司（Persil）竞争。尽管所有的测试都证明碧浪能把衣物洗得更白，但是宝丝仍然位居品牌榜首。宝洁公司的管理层正在绞尽脑汁地思考如何解释这个现象时，有一个人对管理层说了这样的话："好吧，我想人们真的很喜欢宝丝。"

如果你的亲和力很高，你会得到更多的投票，你的商品销量也会更好，你也会春风得意，因为你不需要应对那些难打交道的人。

但是你生活中的其他人是怎样的呢？他们是让人喜欢的人吗？你的老板呢？你的牙医呢？或者你的会计呢？当我告诉大家我对我的会计是什么样的人毫无概念时，我会从一些人脸上看到一种有趣的表情，即我如何知道他是一位好会计呢？我没有做判断的专业能力，我只知道我是否相信他、喜欢他，这也决定了我是否还会继续与他合作。

沃伦·巴菲特（Warren Buffett，1930—）这位世界最杰出的投资人曾经说过：

> "我曾经选择放弃一些很有潜力的生意，因为我不喜欢我要面对的那些人。"

哈里·瑞德克纳普（Harry Redknapp）曾接管了一支在垂死挣扎的球队——托特纳姆热刺队。瑞德克纳普在短时间内策划了一次显著的转变。我相信，他的成功有很大部分原因在于他的高亲和力。菲尔·内维尔（Phil Neville，1977—）是前埃弗顿、曼彻斯特联盟和英格兰足球队队员，他最近说过这样一句话：

> "如果球员喜欢你，那么作为足球经理，这已经决定了你95%的成功。"

当我们不具备亲和力时，我们应该如何获得呢？或者说，如果我们已经具有亲和力，那我们如何能够进一步增加自己的亲和力呢？亲和力到底是怎样一个概念呢？如果从一个公司的角度来考虑，亲和力指的是我们是否信任这家公司，以及当我们与这家公司沟通联系时，是否能够感觉到这家公司在意我们。他们有人际层面的接触吗？广告公司很清楚亲和力因素的影响力，也很了解人际层面接触的重要性。他们期望能让我们开怀，所以会在广告中呈现可爱的孩子或者可爱的小动物。他们会让一些名人代言，那些我们喜欢的、可以感到和自己有联结感的名人。皇冠牌电视广告的内容当然绝对不会是你应该如何使用卫生纸，他们的广告画面上更多的是可爱的小狗和可爱的孩子。

遗憾的是，一些商业机构仍然不太理解这个概念。曾经有一份报告对英国高街银行提出批评。报告指出，很多顾客并不喜欢这家银行。高街银行的一位高级经理是这样回复媒体的："我们的业务会持续增长是因为我们优质的产品和服务符合顾客的需求和期待。"他没有意识到这份报告的批评并非针对其产品和服务，而更多的是关于人际层面的接触和互动，如随便走进一家分行和值班经理聊天的感受。在当今社会，当一个企业处境非常艰难时，很大一部分原因是其客户满意度较低。

亲和力指的是如何表现得更人性化，如何展示人性的温度。比尔·克林顿就表现出了温暖；希拉里·克林顿（Hillary Clinton）则少了一些。被称作黑暗王子的英国政客皮特·曼德森（Peter Mandelson）就很少呈现温暖的一面。理查德·布兰森（Richard Branson）是一个温暖的人，戴安娜王妃同样也是一个温暖的人。尼尔森·曼德拉（Nelson Mandela）当然也是一个温暖的人。玛格丽特·撒切尔在她任职首相期间并没有展现其温暖的特质。

一个人所具有的亲和力特质能够在一些方面体现出来。例如，是否有能力真正倾听他人，是否体现出对他人的兴趣和关心。具有亲和力的人和你说话时，会用到你的名字，让你感觉到他们在意你。我们喜欢那些总是分享积极的事情的人，而不喜欢那些总是在抱怨的人！具有亲和力的人通常能够对我们所面临的事情给予理解，同时也能接受我们与其拥有不同的观点。亲和力可以表现为真诚的微笑、恰当的目光接触、幽默感及放松且开放的身体语言。不论在生活中还是在职场上，人们都会通过我们的言行来评价我们。但是，更重要的是，人们的观点会受到我们自身亲和力的影响。与一个难打交道的人沟通，试着对他们保持亲和，让他们接受你的观点，这会是一件非常具有挑战性的事。你的自我销售能力会让这个过程更轻松。

> "如果你想要赢得一个人的认可，首先你要让他相信你是他真诚的朋友。"
>
> ——亚伯拉罕·林肯

下面有一些其他因素，能够帮你降低不得不面对难打交道的人的概率。

↘ 不要"咬钩"

我要讲一个让你感觉比较舒适的小故事。你曾经体验过钓鱼吗？我本人不是一个垂钓爱好者，但是我们相信你明白钓鱼的基本规则——在鱼钩上挂一些鱼饵并且把鱼竿甩进水里。之后就是等待一些不那么警觉的鱼游过来、咬下鱼饵、被挂在鱼钩上，这样，你就成功地钓上了一条鱼。

我们回看一下这个过程。当鱼儿在游来游去时，它的命运是完全由自己所掌控的，它可以游到任何它想去的地方，也可以吃任何它想吃的东西。而当它遇到垂钓者的诱饵时，它可以选择是否咬下去。如果它选择不吃鱼饵，那么它可以继续自在地游来游去，直到它们生命的尽头。"但是它只是鱼啊，"你也许会这么说，"所以它是很可能会咬下鱼饵的。"如果鱼儿真的这么做了，它就有大麻烦了——它的命运不再由自己掌控，而是由垂钓者来掌控了。鱼儿会感到非常害怕，并且极有可能会就此丢掉性命。

当然了，你不是一条鱼，但是其他人，那些难打交道的人，他们会尝试让你"咬钩"。这不是它们意识层面刻意去做的事。但是，他们所说的话、他们所做的行为和他们展现出的眼神，实际上是在你面前布下了诱饵，如果你选择咬下诱饵，那么就等于交由难打交道的人来掌控你接下来的行为了。

你是否听有人说过以下这样的话。

❖ "她让人发疯。"（咬钩了）

❖ "他的行为实在让我感到厌烦。"（咬钩了）

❖ "她居然敢那样对我说话！"（咬钩了）

❖ "如果他认为我会按他所希望的那样做……"（咬钩了）

❖ "她怎么能穿成那样来这里！"（咬钩了）

这些人的行为会潜移默化地引诱你"咬钩"，诱导出你的控制模式、挑衅模式或消极模式。

在第六章里，我会告诉你可以如何说、如何做来避免"咬钩"。但是在此时此刻，请记住：你要自己选择你自己的行为模式——千万不要"咬钩"！

> "如果我能保持闭上自己的嘴，那么我就不会出现在这里。"
>
> —— 一只在鱼篓中的鱼的叹息

↘ 优选词汇

你很可能意识到了，当与难打交道的人打交道时，不妥的语气或负向的身体语言会如何带来麻烦，尤其是面对难打交道的顾客或员工时。而且，不当的语言还会让一个已经很困难的情况变得更加糟糕。

以下是一些会让对方变得更难以沟通的、具体的触发词汇，尤其是在情绪占主导的情境中，所以，这些词汇是需要避免的。这些词汇源自控制模式、挑衅模式和消极模式，它们包括以下这些。

❖ "必须" —— "你必须自己去找销售部门沟通！"

❖ "我不能" 或者 "你不能" —— "我不能做这些。" 或者 "你不能做这个。"

❖ "我会试一下" —— "我今天会试着去找财务部门沟通。"

❖ "但是" —— "我同意你所说的，但是……"

❖ "抱歉" —— "对此我感到很抱歉。"

"必须""不能""不要"

"必须""不能""不要"这些词源自一个人的控制模式，很容易让人厌烦。这些词通常也容易让他人"咬钩"。它们会让人的情绪火上浇油，所以最好不要让它们在任何沟通中出现，尤其是在与难打交道的人打交道时。你可以试着想象一下，如果别人像以下示例中这样和你说话，你会是什么感觉。

❖ "你肯定是拨错电话了。"
❖ "你必须立刻回来。"
❖ "我没法帮你。"
❖ "我现在没时间和你说话。"
❖ "你今天必须完成这件事。"

你可能会这样问自己：

"为什么这类事情总发生在我身上？"

或者你可能这么想：

"为什么没有人告诉我这个变化？我没必要做什么。他们不是我的老板。我只要等着他们主动来找我帮忙就好。"

"我需要你去……"和"你必须……"

"我需要你去……"这样的句式让人听起来有被操控感，

同样也是源自控制模式。这等于在告诉他人：

> "我根本不在乎你——我只在乎我想要什么。"

我们可以试着用以下这样的词汇来代替"必须"和"我需要你去……"

> "你是否愿意……"

或者直接说：

> "你可以去……吗？"

"不能"

"不能"可以换成：

> "我不能去，是因为……"

"我会试一下"

"我会试一下"这样的语句会让人感觉顺从和服从，因而很可能会激发对方以控制模式来回应你。有些人听到这样的话会感觉这是一个承诺，并且会期待你去做你说自己会去做的事。但更多的情况是，对方会认为你这么说的意思是你很可能不会去做。"我会试一下"这样的话像是一个敷衍。可以试着换成更真诚一些的语句：

"这是我现在能做的。"或者"这是我现在无法做到的。"

"但是"

与难打交道的人打交道时，不要使用"但是"，可以尝试使用以下词汇：

"尽管如此"

当你使用"尽管如此"时，你便是以更平和、更积极的姿态提供新信息、新选择。你也可以使用"与此同时"来代替"但是"，例如：

"我理解你的情况，与此同时我无法按你所说的去做，因为……"

把"但是"换掉，例如，把以下句子中的"但是"换掉：

"我同意你说的，但是我现在无法帮助你。"

换成：

"我同意你说的。我不能帮助你的原因是……"

行话

最好避免任何形式的行话。每个组织都有它特有的行话，我会经常在培训中让参训学员举例说一些他们所在机构的行话，他们往往都觉得这很难。这是因为，在潜意识中，我们认为他人都知道自己所知道的行话。事实是，当我们使用技术专业词汇、流行语、首字母缩写短语时，他人很可能不知道这些词的含义。他们可能会感觉你是在居高临下地与他们沟通，从而感觉自己被冒犯，所以心中感到不适。因此，不要使用过度简化的词句，也不要用一种把别人当傻瓜的说话方式沟通，更好的方式是使用让别人感到舒服和能够理解的语句进行沟通。

在最近的一次为电信领域工程师举办的工作坊中，在茶歇时，我听到一些他们的对话。当他们谈到与其工作相关的事情时，我发现自己完全不明白他们在说什么。这在当时的情境下是可以接受的，但是如果他们是在和顾客沟通时使用那样的词汇，那就会给自己带来很多麻烦。

"抱歉"

"抱歉"是一个被过度使用的词汇。这源自消极模式。在事情出现问题的时候，每个人都会用这个词，而这也让这个词失去了原本的价值。

有一次，我入住的酒店附近有一个工地正在施工，恼人的噪声几乎整晚都在持续，所以我晚上休息得并不好。第二天退房时，酒店的工作人员问：

"您昨晚睡得好吗，菲尔韦德先生？"

　　我告诉了她我昨晚的糟糕感受。我并没有抱怨，也没有投诉，而是建议他们，也许需要事先告知顾客可能会出现的噪声。她却这样回应了我：

　　　　"哦，很抱歉发生了这样的情况。您打算用什么卡来支付房费呢？"

　　看起来，她完全不觉得抱歉或感到担忧，她给我的感觉是，她只想完成我的退房手续让我赶紧离开。如果她不用"抱歉"这个词，而是像下面这样说，我的感受就会好很多：

　　　　"菲尔韦德先生，真对不起，让您有这样的体验。"

　　如果你非得使用抱歉这个词的话，最好也只是用在其中一部分：

　　　　"菲尔韦德先生，我很抱歉您的睡眠被打扰了。您再次光临的时候，请一定告知我们，让我们为您找一间安静的房间，我们会竭尽所能为您提供满意的服务。"

　　你可能经常听到别人这么说：

　　　　"抱歉让您久等了。"

　　这句话是源自你的消极模式，这可能会引发他人的控制模式。他们可能会这么说：

　　　　"你当然应该抱歉，我已经等得地老天荒了！"

更好的说法是：

"布朗先生，感谢您的耐心等待，我已经获取了所有您想了解的信息。"

这是源自你的思考模式，而这很可能会引发对方通情达理的回应。除了"抱歉"之外，你还有其他的话可以说，这些我们会在第六章里谈到。

"冷静"

"冷静"这个词，是在与难打交道的人打交道时要绝对避免的。这是来自你的控制模式，而这会引发对方以控制模式或消极模式回应。

"这是公司的规定"

"这是公司的规定"是另外一个会让自己处境更糟的说法。如果你跟一个顾客这么说：

"我帮不了你，因为这是公司的规定。"

他们会这么理解上面的这句话：

"你根本没打算帮我，这只是你的借口。"

关于公司的规定，可以有更好的说法：

"我没办法帮你，因为如果我把您想要的信息给您，那可能会给您和我们公司都带来风险。"

至此，关于如何应对难打交道的人的答案依旧是"无解"。然而，仔细地选择沟通词汇能够带来更多的积极效果，会让你从难打交道的人那里得到不那么消极的回应的概率更大。

1993 年曾有一部电影，叫《城市英雄》（*Falling Down*），迈克尔·道格拉斯（Michael Douglas）在其中饰演了一位失业、离异的工程师。有一次，他想在女儿生日的那天去见见她。在去的路上，他遭遇了各种各样不同程度的麻烦事，最终他崩溃了！其中有一幕发生在一家汉堡快餐店，迈克尔所饰演的角色想要点一份早餐，而得到的答复却是："您来得太晚了，早餐时间已经结束了。"迈克尔叫来经理，但对方却告诉他："这是我们公司的规定，您现在只能从午餐菜单里点餐了。"这直接把迈克尔从濒临崩溃的状态推向了深渊，他直接从包里拿出一把机关枪指向餐厅员工和顾客。当然，在日常生活中，并不是你用错了词汇就会有人向你开枪，但是，如果你使用了不恰当的词汇，会让沟通变得比之前更加难以应对。

人们有时候会觉得，换个说法只是过分简单化了与难打交道的人打交道这件事。但是如果你正在面对一个难打交道的人，你会希望得到你能得到的所有帮助。使用更恰当的词汇会让你的处境轻松很多。

↘ 不要让讨厌的事情诱你上钩

当我举办一场如何与难打交道的人打交道的培训时，我让在场的学员列一张单子，内容是别人做哪些事会让他们感到厌烦。一些学员拒绝承认有让他们讨厌的行为，他们认为自己不应该有这样的想法或羞于承认。我给了他们一些鼓励，组里一些更加直率的人最终列出了一个长长的清单。大家一起谈了谈那些会激怒他们的事，他人做的一些会让他们发疯的事，一些他们不赞同的事，一些会让他们感到尴尬的事或他们不喜欢的事。以下是我从培训学员那里听来的一些让他们讨厌的事：

❖ 说话时嘴里塞满了食物；

❖ 有口气（口臭）；

❖ 有体臭；

❖ 不说"请"或"谢谢"；

❖ 态度差；

❖ 在会议中接电话；

❖ 挤牙膏的位置不对；

❖ 厕所的卷纸放错方向；

❖ 不修边幅；

❖ 不守时；

❖ 抽烟；

❖ 过度肥胖；

❖ 醉酒；

❖ 说话时不看你的眼睛；

❖ 吃得太快或太慢；

❖ 吃饭或喝饮料时声音很大；

❖ 不倾听他人；

❖ 吵闹的音乐；

❖ 吵闹的人群。

正如你所看到的，这个列表可以这样一直持续下去。当我们手上都有了这样一个让自己讨厌的事情的清单时，我开始让小组人员对列表中的每一条进行投票。在一个大概有 20 个组员的小组里，其中 12 个人可能会说"说话时嘴里塞满食物"是让他们非常讨厌的事。另外 6 个人可能会说"不修边幅"是让他们非常厌烦的事。我们可以从中看到的结果是，我们所有人都有各自让自己觉得讨厌的事。如果你持续迟到，你可能会让一些人非常生气，而另一些人则可能根本没有关注到你有没有迟到。

让你讨厌的事绝大多数是来自于你的控制模式，这很可能是你从父母和照顾你长大的人那里习得的模式。当我还是个孩子时，家人不允许我浪费食物。我必须把自己盘子里的所有食物都吃干净才能离开餐桌。这个模式对我来说具有非常大的影响力，直到今天，虽然我已经长大成人，但当看到其他人拿了食物却剩下很多都没有吃完就离开时，我还是会感到非常讨厌。

在与他人打交道时，我们很有可能会让我们讨厌的事情对这个过程产生影响。有一次我在给一些银行雇员做培训的时候，有些学员提出了一些他们共同讨厌的事情。他们很讨厌客户在办理业务时或者在和他们交谈时接听手机。因为银行职员们都非常讨厌这样的行为，便很可能会潜在地影响到他／她与这样的客户的沟通。职员们的厌恶情绪，即使只有很少的一点，也有可能在和客户沟通时通过语调或身体语言传递出去，而随后这个客户就可能变成一个难打交道的人。客户的任何能够引发你不快的行为，都有可能会让你上钩，诱你进入控制模式，而这就很可能带来一些麻烦。

另外，尽管我们都有自己讨厌的行为，但一个人所讨厌的那些行为，有可能对其他人而言却并没有那么讨厌。你可能会认为迟一点交报告不是什么大问题，但是对其他人而言很可能不是这样，这便可能会给你们的沟通带来麻烦。

↘ 你所看到的未必是事实

人和人之间的所有沟通，通常都包含这样几个层面：

他们自己看到的——你所看到的——事实上发生的

给大家举一个例子，戴夫经常在开会的时候迟到 10~15 分钟。他是这么看待这件事的：

"我们应该在上午 8 点见面，我 8 点刚过就到了。我不认为有人会期待我在 8 点整准点到。"

但是，你却这么看待这件事：

"戴夫太自私了，他想什么时候来就什么时候来。我从 7 点 45 分就已经在这里等待了，我以为 8 点我们能准时开始。他对我和其他同事都没有一点基本的尊重。"

这件事的实际情况是：戴夫在上午 8 点 12 分到达。

你的控制模式告诉自己，每个人都应该严格遵守时间设置，参加一个会议必须提前到或至少要准点到。戴夫的有趣模式告诉他："这只是一个会议，反正都是一件很无聊的事，我们应该试着多制造一些欢笑，我什么时候到了什么时候参加就行。"

我的习惯是在约定时间之前就到达，不论是公事还是私事。我有一些和我一样总是准时到达的朋友，也有一些总是按照他们自己的节奏来的朋友。我曾经一度允许这件事让我感到厌烦，成为一件让我讨厌的事，但是，现在我切换到了自己的思考模式。我意识到，这就是这些朋友的特点，他们就是这样的人，而这并不应该影响到我们之间的友谊。

源自控制模式、消极模式或者挑衅模式的行为会让你自己感受到压力；这是一种自己给自己施加的压力。当他人并没有按照你习以为常的方式行动时，你允许自己对此感受到压力。

我曾经和一位我非常心仪的姑娘约会。但是我不喜欢她那种当面的、非常直接的说话方式。在我的家庭里，这样的行为会被看作有些粗鲁。而当我最终见到她的家人时，我发现，他们对彼此说话的态度都是如此。这也并没有让他们减少对彼此的关心、帮助或友善；这只是他们习以为常的一种说话方式而已。

所以，你可能发现，你正在应对的那些难打交道的人，其实只是与你看待世界的方式不同。如果你对某人说"我会在几分钟之后给你回电"，你可能会在收集到了所有信息之后给对方回电。有可能在 10 分钟之内，30 分钟之内，1 个小时之内，或 2 个小时以后，而对方则有可能是坐在那里等待你的回电。当他们没有接到你的回电时，他们会给你打回来，同时他们心里可能会带着一个消极的假设，而你很可能就有一个难打交道的人需要应对了。

人际关系出现问题，通常是由于没有办法用对方的方式来理解问题。一个男人可能会在下班后找朋友喝一杯，他打电话给自己的妻子说他会晚一点回家。而妻子会把"晚一点"翻译成大概晚上八点到九点的样子。但是男人认为自己说的"晚一点"是指"我今晚想什么时候回去就什么时候回去"。你猜猜结果会怎样？

可见我们彼此之间都是不同的，这一点我们已经多次提及。这样的场景或许已经发生过很多次了。当你去看一场演出或者一场电影并且完全乐在其中时，和你同行的人却觉得一点意思都没有。你会想："这些人有什么问题？他们是白痴吗？或者，可能他们就是这样难打交道的人吧。"

当他人看待事物的方式与你不同时，你可能会下意识地感受到压力，同时会不自觉地收集各种消极情绪。当你终于忍无可忍，把这些消极情绪一股脑地抛给对方时，你与对方的沟通将会遇到大麻烦。避免产生这些消极情绪的方法包括但不限于如下这些：

❖ 接纳人们原本的样子；

❖ 不要对他人的行为立即做出反应；

❖ 为自己的情绪负责；

❖ 改变自己的期待；

❖ 当你需要帮助时及时求助；

❖ 和自己的思考模式多交流。

你可以做很多事来降低你可能遇到难打交道的人的概率。对火灾防患于未然远比救火的代价更小。但是，无论如何，火灾还是无法彻底避免，而火灾发生时，果断的行动能够有效减少损害。

5

CHAPTER

第五章

选择果断

如果我这样向你描述一个人："她是一位非常果断的女性。"你对这个人的感觉会是怎样的呢？当你想到要和这样一个人打交道时，我觉得你可能并不会感到舒服。有时候，我会听到有人被描述为"真的很果断"，这种描述往往是错误的。通常，如果描述一个人的行为是源自其控制模式，那么应当将该行为描述为有攻击性的，而不是果断的。

↘ 果断的概念

如果我这样向你描述一个人："她是一位非常果断的女性。"你对这个人的感觉会是怎样的呢？当你想到要和这样一个人打交道时，我觉得你可能并不会感到舒服。有时候，我会听到有人被描述为"真的很果断"，这种描述往往是错误的。通常，如果描述一个人的行为是源自其控制模式，那么应当将该行为描述为有攻击性的，而不是果断的。

自信果断的沟通可以为你的个人成功带来很大助益，同时也会帮助你提高应对难打交道的人的能力。这不仅仅是学习如何换种方式换种说法。这是关乎以下过程：

积极思考——感觉自信——行为果断

要发展自己自信果断的能力，你不需要改变自己的个性，只需要改变自己的行为和思考方式。在自信果断能力的训练中，我们讨论关于顺从行为、攻击行为和自信果断行为。顺从行为和攻击行为与你内在的"战斗或逃跑"模式有关，这两种模式都是为了把你从困难情境中拯救出来的方式。而自信果断的行为会帮助你清晰、自信地表达你对他人的需要、愿望和感受，这并不会侵犯到他人的权利。这更加积极，会让你在面对难打交道的人时产生更好的结果，而这是一种可以学习的方法。

让我们更详细地来看看每一种行为。

顺从（逃跑）

顺从行为源自消极模式。因为它与你的成长经历有关，在你的人生中不断发展，所以于你而言，这种行为是如此自然而然。受这种模式控制的人倾向于做出以下行为：

❖ 避免表达自己的需要和感受；

❖ 以道歉的方式表达自己的需要和感受；

❖ 把自己拥有的权利交给他人。

顺从行为听起来像以下这句话表达的一样：

"我真的非常抱歉。我现在没有时间和你一起过一遍这些报告。我需要在午饭前完成这些账目的核算。我的老板总是不让人好受，他非要让我在今天完成这些。我真的很想帮助你。如果可以的话，我晚点过来帮你。"

攻击（战斗）

这源自挑衅模式或控制模式。同样，这可能是你迄今为止的人生中都在不断发展的一种内置的模式。如果我们可以运用控制模式来达成某些事情，那我们会继续发展这种模式。自然，这并不利于我们与他人建立关系。具有攻击性的人倾向于做出以下行为：

❖ 会通过操控或奉承的方式推动他人做事；

❖ 忽视他人的需要和感受，可能是故意的也可能是毫无知觉的；

❖ 抓住自己的权利，绝不让渡给他人。

攻击性的行为听起来像是以下描述的这样：

> "你以为我除了检查这些报告之外，没有其他事情要做了吗？"

"世界上有两种人不讨人喜欢：主人和奴隶"

——**尼基·乔凡尼**（Nikki Giovanni，1943—）

美国诗人

自信果断

这源自思考模式。尽管对一小部分人来说这是一件很自然的事，但更多情况下，这是一种需要去学习的行为。这体现在以下三个方面：

❖ 清晰、直接地说出你想表达的话；

❖ 直言不讳地表达出你的需要和感受；

❖ 敢于捍卫自己的权利，同时也不侵害他人的权利。

自信果断的行为听起来像是以下描述的这样：

"我没办法在今天早上帮你核查这些报告。我正在做我的账目工作，在今天下午我会很乐意帮助你，什么时间对你来说比较合适呢？"

这些行为并没有好坏之分，只是我们各自模式不同而已。但是，如果我们希望更好地应对难打交道的人，我们需要确保以下几点：

❖ 我们没有使用消极行为或攻击性行为；

❖ 我们能够识别出他人的消极行为或攻击性行为；

❖ 当应对难打交道的人时，我们能够学习并且使用自信果断的技巧。

↳ 行使自己的权利

我提到过几次"权利"这个词，现在让我们一起来更详细地看看这些权利指的是什么。

❖ **你有权利有任何感受，你有权利有自己的需要和观点，同时你也有权利让他人尊重你的感受、需要和观点。你有**

权利在他人面前为自己辩护。我们看待世界有各自不同的
方式。

❖ **你有权利说"不"。** 当你考虑自己的需要时，意味着有时候
你需要拒绝他人的请求。更好的方法是直接礼貌地拒绝他
人的请求，而不是先答应对方的请求，中途再找其他的借
口来拒绝。

❖ **你有权利为自己考虑。** 你不需要把自己的需求凌驾在他人
的需求之上。但在考虑他人需要的同时，也要同样看重自
己的需要。

❖ **你有权利成功。** 不管你做的是什么，你必须了解自己的成
就，不管它们看起来多么微不足道。如果你与一个难打交
道的顾客或员工沟通得很成功，你要知道，这确实是一件
很成功的事。

❖ **你有权利选择自己的任何行为模式。** 你可以选择不只是声
明自己的主张，还可以站出来维护自己的权利。重要的是明
白，自己拥有自信和尊严来声明和坚持自己所希望表达的。

❖ **你有权利不懂某些事情／知识。** 常见的情况是，对于不那
么懂的事情／知识，人们总是不去弄清，因为担心那样让
自己看起来很傻。但是，人们寻求学习的唯一方式是承认
自己不了解并勇于提出一些问题。其他人会因为你的真诚
而给予你更多的尊重。

❖ **你有权利犯错。** 大部分人在认为自己说了错话或做了错事
时会感到非常不舒服。重要的是记住，没有人是完美的，

犯错并不会让你看起来很傻，或让人认为你是一个没有能力的人。记住，一个从来不犯错的人，也永远不可能成就任何事情。

❖ **你有权利改变自己的想法**。很多人担心，改变自己的想法就意味着软弱。常见的情况是，环境改变了，你的想法相应地也随之有所改变；或者当你掌握的信息更多时，你的想法也会随之变化。你不需要在他人面前为自己的决定辩护。

❖ **你有权利成为你自己**。太多时候，人们总是遵循社会上大多数人的样子，尝试用他人的标准过自己的生活。你可以选择在哪里生活，和谁一起生活（或者不和谁一起生活），你可以选择在哪里工作，如何度过属于自己的时光，选择自己的兴趣爱好是什么，等等。

↘ 负责任的行为

我在本章开始说过，有时候，人们会错误地把一些攻击性的行为看作是果断的行为。但是，自信果断不是攻击。我们要看一看怎样自信果断地坚持自己的权利。在这个过程中，重要的是要用两种重要的责任去平衡这些。

❖ **至关重要的是要尊重他人的权利**。你自己所坚持的权利，需要让他人也能拥有。举个例子，你要允许他人拥有拒绝的权利，不论这个拒绝是为了维护他们自己的利益还是他们犯了一个错误。反过来说，你允许他人拥有的权利，你自己也应该拥有。举个例子，如果你允许他人拥有改变想法和决定的权利，允许他人摇摆不定而无法做出决定，那么你也需要允许自己拥有同样的权利。

❖ **我们的权利需要通过一个合理和负责任的方式获得。**如果你每时每刻都在捍卫自己的权利，那只会让自己的生活越来越艰难。对一些微不足道的事情，你可以适当选择不那么坚持自己的权利；你有权利这么做。举例来说，如果一位顾客正在为难你，而这些事非常微不足道，同时很显然是他们自己的错。这个时候，你并不是非得维护自己——当然，这需要你运用思考模式做出一个清晰的决定，而不只是源于顺从模式的行为。我们都有权利犯错，不管是对他人而言还是对自己而言，同时我们要确保自己从中学到经验和教训，不要在同一个问题上重复犯错。重要的是，允许他人也有犯错的权利，在他人犯错的时候不羞辱他们，不让他们感到糟糕。

如果我们想要变得自信果断，我们必须做到以下几点：

❖ 坦诚地表达我们的感受；

❖ 公平地给予批评，接受公平的批评；

❖ 自己决定自己想要什么；

❖ 做公平的决定；

❖ 清晰地表达自己想要什么；

❖ 保持冷静和放松；

❖ 不害怕承担风险。

但是，我们必须避免以下情况：

❖ 将我们所有的情绪倾泻而出；

❖ 在他人背后做一些偷偷摸摸的事；

❖ 转弯抹角地表达；

❖ 欺凌他人；

❖ 辱骂他人；

❖ 忽视自己的需要。

↘ 你的选择

让我们来看一些对话的示范。在这些对话旁边写下你的判断，你认为这是顺从的行为、攻击的行为，还是自信果断的行为。答案在示范对话结束处。

1.你马上就要面对一个难打交道的人，这时你的同事说：

（1）"你最好对她硬气一点。不要让她凌驾在你之上，让你给她所有她想要的。"

行为：_____

（2）"如果我是你，我会保持低调和谦逊，先去听一听她说的话。如果你试图和她争论的话，可能情况会变得更糟。"

行为：_____

2. 你的经理询问你刚刚给新客户做的演示如何，而这个演示的效果并不好，此时你这样说：

（1）"这完全是浪费时间。你没有告诉我来参加演示的基本都是员工，没有一个能做决定的人在场。"

行为：_____

（2）"我准备得不太好，因为我没有预料到能做决定的人不在场。"

行为：_____

3. 你马上要离开办公室去拜访一位客户，一位同事问道："你什么时候回来？"你说：

（1）"你什么时候看到我，就知道我回来了。"

行为：_____

（2）"我会在 4：30 的时候回来。"

行为：_____

4. 你的经理对你刚刚给一位顾客做的演示赞赏有加，你说：

（1）"我刚才真的很紧张。我发现这些事对我来说总是很困难的，而且事情结束后，我总觉得我刚才做得不够好。"

行为：_____

（2）"谢谢你。"

行为：_____

5. 你致电供应商的一位销售人员，感谢他们提供午餐并就迟到一事向他们道歉，你说：

（1）"感谢贵司提供的午餐，谢谢你们所做的新产品的演示。我为我的迟到向你们道歉。"

行为：＿＿＿＿＿＿＿

（2）"感谢贵司提供的午餐。我很抱歉我迟到了，我最近真的太忙了，对我来说准时赴约真的是太难了。非常抱歉我没有能够听到更多关于你们新产品的信息。"

行为：＿＿＿＿＿＿＿

答案是：

1.（1）攻击行为

（2）顺从行为

2.（1）攻击行为

（2）自信果断行为

3.（1）攻击行为

（2）自信果断行为

4.（1）顺从行为

（2）自信果断行为

5.（1）自信果断行为

（2）顺从行为

这些例子的目的不在于展示什么是好的、什么是坏的，或者什么是对的、什么是错的，而主要在于呈现你在沟通时传达出去的潜在信息是什么。当我们看这些不同的行为模式时，我们思考的是不同的模式会引发他人怎样的模式。如果人们在潜意识里感觉你是一个顺从的人，而这是源自你的消极模式，这会引发他人以挑衅模式回应。举个例子来说，在上面的4（1）里，那个经理可能会开始这么想：

> "我认为她在这次呈现中表现得不错，但是她是一个很麻烦的人。如果她对这次的表现感觉很糟的话，那我之后就不需要再因为担心她做得不好而继续叮嘱她了。"

通常人们并没有意识到自己的行为带有攻击性。例如，一位经理对他团队的一名成员这么说：

> "你在PPT制作方面真是个天才。你能帮我完成这个PPT吗？我知道你很忙，而接下这个工作你就需要加班，但也不会需要加班到太晚。"

这是攻击性的行为，因为这是操纵性的。这位经理并没有考虑到这位团队成员的权利，而只是考虑了自己的利益。这会引发团队成员的攻击行为或顺从行为（攻击行为、控制行为或消极行为）。他们可能会这样对自己说：

> （1）"他为什么总是挑选我来做这个？这不公平——

除了工作之外，我也有我自己的生活。"（顺从）

（2）"如果他认为我还会这么做的话，他最好赶紧自己消失。这是他自己的工作，不是我的，做这个对我自己一点好处都没有。"（攻击）

以上这些反应都不利于办公室人文环境的健康。他们都给经理的工作增加了一些潜在的困难，给每个人都造成了更多的紧张，而这很可能会导致这个办公室会出现更多难打交道的人。

↘ 自信果断的技巧

有一些技巧你可以用于自信果断地回应一个难打交道的情境。

"坏掉的录音机"

这源自思考模式。这个技巧指的是你能够一遍又一遍的重复表达你想要什么或需要什么。持续地使用一种冷静、放松、自信果断的语气重复，直到对方让步或同意与你沟通、商量。

最近我在当地超市买了一些货品。当时，收银台的女士向我收取8法郎，我给了她一张20法郎的纸币，她找给我2法郎。我说：

"我给了您 20 法郎，所以您还需要再给我 10 法郎。"

她却这样回复我：

"您确定吗？我想您给我的是 10 法郎。"

"不，是 20 法郎，所以您还需要找给我 10 法郎，谢谢。"

"但是我已经关上了收银机，只有在下一单收银的时候才能再次打开。"

"我理解，但是我给了您 20 法郎，所以我需要您再找给我 10 法郎。"

当时我其实很有压力，因为我的身后还排着一长队等着结账的人。这位收银的女士说：

"我需要去找一位主管过来处理这件事，所以排在后面的人需要换到另外一个收银柜台排队。"（这给我带来了更大的压力。）

我说：

"如果您能找来一位主管就太好了，因为我给了您 20 法郎，而我需要您再找给我 10 法郎。"

主管过来了，主管向我解释为什么收银机没法打开，我用同样的语言，用一种冷静和放松的语调重复我的要求。主管说：

"我们会在今天结束时核查收银机里的钱数，如果确实多出了 10 法郎，我们会联系您的。麻烦您把电话号码留给我。"

我回复：

"我理解你们为什么想要这么做，但是我刚刚给了这位女士 20 法郎，而她找零时少给了我 10 法郎，所以，我需要你们再找给我 10 法郎，谢谢。"

最后这位主管指导收银助理打开收银机，找给了我 10 法郎。她说：

"我们还是需要您的地址和电话号码。"

我说：

"没问题，这是您要的具体信息。"

在这之后，我并没有接到这家超市的任何联系信息。

当我在培训中给学员讲述这个故事时，我能看到一些人开始蠢蠢欲动。你还记得之前读到的关于成功的 5 个要素吗？第 5 个要素是勇气，你在维护自己的权利时需要勇气。我没有变得易激惹或愤怒——我没有对那位超市员工表现出不愉快的情绪。我只是在没有拿回自己的钱之前没有离开超市，而这是我的权利。你可以把"坏掉的录音机"技巧用在以下方面：

❖ 为你自己的权利站出来的时候；

❖ 坚持自己的立场的时候；

❖ 表达你想要什么或者你如何感受的时候。

消极的果断

这个技巧主要用来应对来自一个难打交道的人的批评时。再强调一次，这个行为是需要你运用思考模式做出的决定。当你需要冷静地面对和认可一些真实的批评时可以使用这一技巧。例如，由你的产品质量低劣而导致的客观真实的批评。

让我们设想一下，如果你的同事在上班的时候突然转向你，和你这么说：

> "你的桌子上可真够乱的，到处都是纸张。你怎么能够在这样一团乱糟糟中工作呢？"（控制模式）

你可能会这样回复：

> "这也没有那么不整洁，而且我也一直很忙。我根本没有时间来保持桌面整洁。"（消极模式）

正如你们现在所知道的，这个回应可能会引发同事的控制模式，他可能会这么说：

> "你应该花更多的时间来保持桌面整洁，现在这里看起来太糟糕了！"

但是，如果你一开始这样回应，便会好很多：

"我同意，确实不够整洁。"

我们称这个为"消极的果断"。如果你使用这样的回应，那么他人就没有太多话可以说了。当然，他们可能还会过来说：

"那么，你为什么不收拾一下呢？"

你可以这样回复：

"你说的对，这确实需要收拾一下。"

如此，他们很可能就会放弃并且离开了。记住，如果你愿意，你有权利让自己的桌子不那么整洁。

这不是战斗或逃跑，这通常被形容为一种语言上的太极拳。在太极拳中，人们会利用对方的力量，再把这个力量推回给对方。如果你很乐意接受你确实有一些不足，你也并不完美，那么他人就不会那么想要把你推倒。

有可能你只希望同意他人说的话中的一部分，有时这也叫"选择性同意"。举个例子，一位顾客正在斥责你：

"你们这些人一点用都没有。这个订单我已经等了两个星期了，你们从来也不会准时送达！"

一个消极的果断回应可能会是：

"你说的对，两个礼拜确实太长了。我接下来会做的
是……"

在这种情况下，你只部分同意了这位顾客说的话："这个
订单我已经等了两个星期了。"你并没有同意或尝试去澄清其
他部分："你们这些人一点用都没有"或者"你们从来不会准
时送达"。

让我们来看另外一个技巧。

烟幕弹

在应对操纵式的批评时，在需要维护自己的自尊时，你可
能会用到这个技巧。烟幕弹技巧是指在原则上同意，但是不卷
入自己的情感。你把对方说的话改译成更理性、更符合事实和
更少涉及情感的语言，并且反馈给对方。这样的回应是来自于
你的思考模式，而不是直接在情绪状态下的自动反应。

即使是一些难打交道的人说出来的话，其中也可能有一些
确实是事实。但是，他们可能会在表述的时候仔细设计过他们
要说的话，或夸大事实。例如：

"你的报告又迟交了。你完全不会为他人考虑——你
完全不考虑这会给我带来多大的麻烦。"

事实是这份报告交晚了，其他所有员工都很有情绪。这个

情况里的诱惑是针对以下这两句话做反应："你完全不会为其他人考虑"和"你根本不在乎"。如果你想要保护自己，那你可能会用顺从的方式回应：

> "在这份工作上我的眼睛都快累瞎了，我已经尽我最大的努力了，我是真的很在意这是不是会给你添麻烦的。"

更好的方式是忽视他人情绪化的表述，而用思考模式来回应，自信果断地回应：

> "是的，又晚交了一次，我为这次晚交给你带来的麻烦真诚地道歉。我显然没有很好地规划自己的时间——可能在这个方面你可以帮帮我。"

不要担心自己是否会不知道如何区分这些技术。只要你掌握了以下的基本原则，你是不会混淆这些技术的：

❖ 不要卷入自己的情绪；

❖ 对自己有信心；

❖ 相信你自己有权利选择是否整洁，也有权利犯错；

❖ 总是用思考模式回应，在沟通的时候要自信果断。

↘ 果断地思考

还记得那个想向邻居借一个手动挤奶器的汤姆的故事吗？

但在去借机器之前他就有了自己的预设，即认为邻居不会借给他，所以他在开口询问邻居之前，已经在内心开始诅咒对方了。有时候，当你面对一个难打交道的人时，你很容易不经过思考就直接用情绪反应了。

想象一下，当你要与一个难打交道的同事沟通时，你脑海里的想法可能是：

> "当我尝试和鲍勃讨论这个问题时，他会勃然大怒，然后我们就会以大声的争吵来结束这个沟通。"

如果这是你脑海里的想法，那么你认为自己和鲍勃的沟通会是怎么样的呢？很有可能会变得富于攻击性或顺从性。沟通的结果要么是你和鲍勃大吵一架，要么就是你尝试安抚他的情绪。

一个果断的方法会是以下这样的：

> "当我和鲍勃讨论这个问题时，我会冷静地呈现事实。他可能会生气并朝我大喊，但也有可能他不会这样做。如果他这样做，我会用冷静和克制的态度向他说明我对发生这个状况的感受。我会询问他的想法，讨论我们可以如何解决它。我不会对鲍勃的任何情绪化表现作任何回应。"

下面有另一个例子，你见到玛丽前，你脑海里的想法如果是以下情况：

"这不会是一个愉快的过程。当我告诉玛丽她的销售业绩并不理想时，她很可能会大哭，因为她几乎每天都是这样的。"

那么，想想你和她沟通的情况会是怎样的呢？我认为结果很有可能会是顺从性的，甚至是攻击性的。一个果断的方法会是如下这样的：

"当我和玛丽沟通时，她可能会大哭，但也可能不会。不管发生什么，我都会冷静地解释我为什么不满意她的销售业绩。我会听她解释，会询问我可以如何帮助她。如果她确实变得情绪化并开始哭泣，我会共情她，并且继续向她提供帮助和支持，帮助她提升业绩。"

果断是一种非常积极的回应方式，不论在任何互动情况下都是。这会让其他人清楚地知道你为什么不高兴，并且能够让你可以冷静地向对方呈现一些事实和原因。而这也绝不会损害到他人的任何个人权益。

6

CHAPTER

第六章

说服的力量

> "能够统治世界的，是说服力和信念，而不是蛮力。"
>
> ——托马斯·卡莱尔（Thomas Carlyle，1795—1881）
>
> **苏格兰哲学家和作家**

↘ 发展自己的技能

这大概是本书中最重要的一个章节。因为，为了在生活中得到自己想要的一切，过得更加开心、拥有更好的人际关系、掌握应对难打交道的人的技能，你需要有更好的说服力。

正如我在第一章中所说，与他人的互动是你生活中最重要的部分。即使你有与他人互动的愿望，你可能也会发现，与他人打交道是件困难的事情。你很可能会想和另外一个人一起生活、与其结婚生孩子，想要拥有朋友，想与他人一起工作。但是，也存在例外情况：有些人更倾向于自己一个人生活、一个人工作并尽量减少与他人的联系。然而，对于我们大多数人来说，与他人建立积极的联系是至关重要的。想象一下，如果你在某个废弃的海滩上，此时有他人出现了，我相信，他们一定会过来坐在你的身边的。

人际关系，同其他能够给你带来大量快乐的事情一样，也可以给你带来不快和负性的压力。你会发现自己有时候不得不说服他人去接受自己的观点、自己公司的产品或服务、自己的求婚或自己的想法和信念。这个挑战在于，他人并不是总想被说服，甚至你想说服他们这个尝试本身就是错误的。人们有多少次是在违背自己意愿的情况下被说服的？

但是，有更好的说服力还是非常重要的，毕竟，在某些情况下，你想要说服对方的点刚好符合其利益。如果你想要说服他人做以下事情，这对他们来说可能会是一件好事：

❖ 给你一个工作；

❖ 停止吸烟；

❖ 吃蔬菜；

❖ 去休假；

❖ 购买你所在公司的服务或者产品；

❖ 嫁给你；

❖ 借钱给你（考虑一下他们可能会得到的收益）。

在很多情况下，你的说服会给他人，包括你自己带来一些益处。在所有的说服过程中，你都需要找到一个可以双赢的结果，让自己与他人同样获益。如果不是双赢而是一方赢一方输的情况，那么我们讨论的就不是一个说服过程，而是一个操纵的过程，那是一种控制或强迫。但是，对于任何一个好的销售人员或一个好的谈判专家，一个双赢的结果都应该是其永远的目标。

"我们每个人都靠销售某些东西而活着。"

——罗伯特·路易斯·史蒂文森（Robert Louis Stevenson，1850—1895）

苏格兰散文家、小说家、诗人

我会永远记得自己参加的第一次销售课程培训，这次培训上销售的定义深入我的脑海。

"销售是一门艺术，它为购买者创造渴望，然后满足这些渴望，这样购买者和销售人员同样都能获益。"

对现在的销售人员来说，这样的话也许看起来有一些老套。但是我相信，这个原则依然是非常正确的。你应该已经发现我开始讨论销售人员和购买者了，因为在这个世界上，某些时刻我们是销售人员，而某些时刻我们则是购买者。

一个婴儿哭着要食物、求关注或要换尿布，这也同样是尝试着说服你采取行动。如果你对其最初的哭声没有任何反应，那他们会提高音量，直到你这样做了为止。因为你爱这个孩子、关心这个孩子，所以你会对这个说服保持开放的态度。这样的过程也贯穿了你的整个人生，如果人们关心你、尊重你、与你关系良好，那他们便会更倾向于接受你的提议。

销售或说服的过程是我们生活中非常重要的一个部分。很多时候，推销比告诉要好得多。一位管理者，可能会倾向于和那些更多在推销而不是仅仅在说话的员工走得更近，如果员工可以理解，对他们而言什么是有价值的，那他们就会更愿意对管理者保持一个更积极的态度。

> *"你可以得到生活中你想要的一切，前提是你帮助他人得到他们想要的。"*
>
> ——**金克拉**（Zig Ziglar，1926—）
> **美国作家、销售人员、励志演说家**

销售说服的过程，从我们生活的非常早期就已经开始了。事实上，孩子往往是天生的销售人员，他们会说服家长为自己做各种各样的事情。

"爸爸，如果你给我买这双跑步鞋，我会赢得学校的跑步比赛。想一想，那时你会多么为我感到骄傲啊。"

"爸爸妈妈，如果你们给我买这台电脑，那么你们也就有电脑用了。"

"妈妈，如果你给我买这个复合维生素胶囊，当我长得又高又壮时，你会感到多么开心呢。"他们说的话可能

跟上面这些示例不完全一致，但是你大致可以看到这样一
个双赢的现象。

可能他们使用的不是这些词汇，但是你可以在他们的言语
中听出双赢的意味：

"如果你给我这个，那么想一想，对你来讲这也是件
多么好的事。"

我们会发现自己更倾向于对以上这样的说服方式进行回
应，而对以下这样的方式则不然：

"给我买这双新鞋，因为我想要它们。"或者"给我买
这台电脑，因为这是最新的型号。"

我的朋友苏珊最近和我聊起她三岁的儿子本。他非常喜欢
各种船。当他们在外面一起购物时，本看到在爱丁堡的利斯码
头（Leith）停靠着一艘前大不列颠号皇家游艇，于是，他提出
要求：

"妈妈，我们可以去游艇那里玩一会儿吗？"

但这个提议立刻被苏珊否决了，接着她的儿子换了种
说法：

"妈妈，如果我们去游艇那里玩，你可以在那里好好
喝一杯茶。"

本已经学到了，与直接提出要求相比，运用销售的方式能够帮助他更容易获得自己想得到的东西。

随着我们的成长，这种销售过程还会有更多很自然的方式。想象一下，一位丈夫这样对他的妻子说：

> "我们的车已经开始在维修方面消耗大量的金钱，我经常担心当我送你去上班时，它会突然坏掉。如果车子在我们去度假时坏掉，我们就不得不取消原来的计划了。"

妻子则可能会这样对丈夫说：

> "你发现了吗？你的衬衫不像之前那么干净了。洗衣机看起来变得更耗电了。我想，甩干功能已经在损坏你的衣服了。"

这是两个经典的销售情景：丈夫尝试劝说妻子，他们需要买一辆新车；而妻子则想买一台新洗衣机。他们两个都在无意识的情况下使用了痛苦或愉悦的原则，我们倾向于去除让我们感到痛苦的情境和事情，而趋向于能够给我们带来快乐的事情。在以上这两个场景中，双方都在描绘痛苦是什么或可能造成什么样的痛苦，而只有他们的销售目标被接受才能消除痛苦。

所以，不论我们是否喜欢，销售和说服每时每刻都在发生。市场专家认为，我们每天会接收到大概 3000 条销售信息。这些信息来自于随处可见的电视或广播的广告、广告牌、公交车和铁路上的广告、报纸和杂志。而每天在路上行走的人们，他们简直是产品的活广告——他们身穿的衣服、脚穿的鞋，上面都会有商品名称、标志，以此显示他们的生活有多么成功或他们有多么时尚。一些公司，如耐克、阿迪达斯、汤米希尔费格、古琦及许多其他公司，他们都很清楚他们所销售的品牌的价值。如同那些显而易见的商品和服务一样，也存在以其他形式在贩卖的东西。例如，法律法规和宗教。

"投我一票，我会改善你的生活质量。"

"来我的教堂，你的心灵将能够得到升华。"

许多这样向我们销售的产品和服务、想法和观点，充实了我们的生活。如果我们生活中没有这些销售，你认为我们会尝试主动寻求它们吗？我不这样认为。发明和发现是永无止境的。而这些发明和发现是需要被销售出去的。我们可以想象一下，如果一个人尝试卖出第一台传真机，他会遇到很多的困难。你如何给另外一个没有机器的人发传真呢？说服人们登上第一架投入使用的飞机并且飞越大西洋，同样需要有销售的过程。正如汤姆斯·杰·华生（Thomas J. Watson）（1874—1956）这位 IBM 的创始人曾说的：

"如果没有人卖出任何东西，那么公司将不会有任何变化。"

因为有人说服他人去做一些事情或接受一些事情，所以，许多积极的事情发生在人类的生活里；不幸的是，同样也会有许多消极的事情发生。阿道夫·希特勒（Adolf Hitler）曾向德国人民销售许多建议，声称可以改善他们的生活，许多德国人认同了这个典型的一方胜一方输的观点。希特勒所贩卖的"商品"是错误的，并且事实也证明，这最终给德国人民的生活带来的也是灾难性的影响。在 1960 年，许多怀孕的女性接受了当时兜信的一种理念后，服用了一种叫作萨利多胺（thalidomide）的镇静药物，这导致孩子出生后的肢体畸形。所以这也是个错误的产品。

人们倾向于记住那些当时被说服购买但事后证明对他们而言是种错误的东西。这给整个销售和说服领域带来了消极的影响，但重要的是记住，许多积极的结果同样会在一个产品、一种服务或一个理念被销售后而产生，如果你发展了自己的销售和说服技巧，你将会找到更好的工作，过上更高标准的生活，拥有更好的人际关系，收获更快乐的人生。这会让你在与难打交道的人沟通时更加轻松。

你值得花些时间思考自己天生具有的、作为一名说服者的能力，以及如何可以提升这种能力。这些说服能力中有许多都存在于你的潜意识之中。你可以边实践边思考，发展出自己的说服力。

↘ 事关变化

说服与变化有关，你认为大部分人对变化的感觉是什么？对，他们不喜欢变化，在这个世界上，大多数人是抗拒变化的，他们害怕它，把它视为一种威胁，而不是一种机会。你可以试想一下，一天早上，老板走进员工的办公室并宣布：我们将要做一些改变。在这样的情况下，几乎所有人都会感到心神不定，并且把这个变化视为一种让人害怕的东西。

如果要劝说某人改变自己的行为、观点、态度或其工作上、个人生活中的其他方面，那么你是希望此人改变其思维模式。如果一个人打算改变自己的思维模式，那么他们需要衡量其当下所处的环境和情境，评估自己能从这个改变中获得什么好处。如果你是这个劝说者，那么你需要足够的技巧、能力及合适的性格特征，让自己看起来是可以让人信服的。

信誉

在我青少年时期，母亲总是在说："不要抽烟，这对你的健康不好。"而与此同时，母亲和父亲却都会抽烟，而且实际上看起来这对他们似乎也没有任何伤害。如果想成为一位成功的说服者，信誉是所有品质中唯一重要的。

信念

成功的说服者相信自己、相信自己所说的一切。毕竟，如果自己都不相信自己所说的话，那如何能期望他人相信呢？

热情

我认识一些人，他们虽然相信自己所说的话。但是，他们在与他人沟通的时候，没有任何热情或者激情。许多人发现满怀热情是很困难的，但是，如果你想说服某人，你就需要满怀热情。

知识

你需要知道自己正在说什么，所以，你要确保自己获得了所有的信息、事实、数据及统计资料。

共情能力

你要能够换位思考。你认为对他人来讲什么是重要的？想一想，他人为什么会接受你所说的话？如果某人确实非常害怕飞行，那么你只是告诉他"不要犯傻了，不要表现得像个孩子一样"，这是毫无意义的。你需要思考一下，如果你处于他所在的位置，你可能会有什么样的感觉，什么样的说服可以让你改变自己的想法？你需要衡量自己的恐惧和获益。

坚持

如果想要说服某人，不要在对方说不或以任何形式表示拒绝之后立刻放弃，你要坚持、坚持、再坚持，但是要用温和的方式。当人们意识到你是真正相信自己所说的话时，他们是很难用消极的方式对待你的。但是有一条线，请小心不要跨越，你需要观察他人的反应，如果很明显你的坚持已经过多，请立刻停止。

能量

当你与他人互动时，请投入更多的能量，因为能量可以助燃热情。而我们都会被充满能量的人说服。许多电视上的人物会运用他们的能量来销售自己的理念。当我还是个孩子时，电视上曾播出一个节目，在节目中，一位科学家尝试说服大众相信，科学是非常有趣的，他在讲话时总是挥舞着胳膊，看起来非常兴奋。他是最初版的疯狂教授，但是，你还是会被他所说的话吸引，不由自主地真正倾听他在节目中的言语。

一致性

你所说和所做的每件小事都是重要的，每件事情都是有意义的。如果你想要成为一个成功的说服者，那么你必须保持一致性。如果你尝试劝说某人信守承诺，那么你自己首先必须做到这一点。如果你说我会在 10 分钟之后给你回电话，那么你必须在 9 分钟之内就给对方回电话。如果你要在政治和宗教方面劝说他人，那么你的生活方式必须与你所笃信的观点保持一致。看看那些鼓吹要抑制对工资的欲望的商界领袖，如果他们自己开着豪华车、住着大房子、出行使用自己的私人飞机，那他们的话便丝毫没有说服力。要成为一位成功的劝说者，你需要掌握许多技巧，拥有某些个人品质和性格因素。但是，即使你同时拥有这一切品质，也不能保证就一定会成功。不过，我们需要谨记，人们会更倾向于被那些自己信任的、喜欢的、与自己关系更好的人说服。

↘ 使用逻辑和情绪

当需要做决定时，我们是调用逻辑还是调用情绪呢？多数人都很难接受这样的结论：我们的情绪主宰着我们的决定过程。在很多年前，哈佛商学院曾经做过一份研究，发现 84% 的购买决定是出于情绪原因。许多销售和市场人员会认为，100% 的购买是由情绪主导做出决定，然后由理智为其添加客观理由的。

让我们以汽车工业为例。现如今，绝大多数的汽车都具有高效的发动机、舒服的座椅、各种安全装置、安全气囊、立体声设备、空调等。想象一下那些购买宝马、奔驰或捷豹的男人或女人。这些车所具备的特性在福特和其他品牌汽车的顶级系列中同样具备。那么，为什么人们会额外花费如此多的钱来购买宝马、奔驰或捷豹呢？这关乎身份和地位？还是关乎吸引邻居注意的渴望？或者仅仅因为他们一直都想要那样的车？这些似乎都是一个纯粹的情绪决定，但你很可能发现，购买这些车的买主会与你争辩他们多花这些钱的逻辑。

广告商们尤其了解情绪的力量。几年前，英国电信举办了一场成功的广告活动，广告中的形象是个外太空的小小人：ET。广告中并没有过多提到其电信产品和服务，但它无疑拨动了观众的心弦。

制造商们非常清楚自己品牌在销售和赚取利润方面的价值。我所在的本地健康俱乐部里，众多会员穿着昂贵的品牌训练鞋。我们都知道，那些在折扣商店售卖的训练鞋其实具有一样的功能，花费却更少。但是你想被人看到你穿着它们吗？我认为你不想。许多人在购买商品或服务时会做出合乎实际的选择。这便是那些购买更便宜的训练鞋的人，他们在折扣商店购物，到死也不会穿设计师的品牌服饰。但是，难道这本身不也是一种情绪的选择吗？

总之，我们所得出的经验教训便是：如果你想说服某人，想向其销售一件商品、一种服务、一个想法，那么你需要诉诸其情感。

左脑还是右脑

在 1981 年，罗杰·斯佩里（Roger Sperry）和罗伯特·奥恩斯坦（Robert Ornstein）因对于大脑的研究而获得了诺贝尔奖。他们证实了有左脑和右脑之分，并且左右脑彼此行使着不同的功能。左脑是逻辑脑，而右脑则是情绪脑。

左脑处理以下信息：

❖ 文字；

❖ 数字；

❖ 清单；

❖ 细节；

❖ 逻辑。

右脑则处理下列信息：

❖ 图像；

❖ 颜色；

❖ 想象；

❖ 空间；

❖ 韵律。

因为我们大多数人主要受到左脑优先的教育，所以对我们来说，使用逻辑的态度进行沟通是自然而然的行为。从我们入学的第一天开始，便会受到三项儿童基础教育：阅读、写作和算数。其后，在历史课上，老师教我们要记住时间信息；在地理课上，我们学习各个国家的具体情况；在科学课上，我们学习到更多的事实。我们的童年时期，充满了各种事实和数据，很可能只有在音乐教室或艺术课上，我们才会被允许使用右脑。

当与他人交流时，我们倾向于相信，如果我们给他人提供符合逻辑的理由，那他们就会被我们说服。然而，问题在于，我们尝试说服的人通常会同时使用其大脑的两个半球。而且在做决定的过程中，右边情绪化的那个半球会起到主导的作用，如果你尝试劝说的人不喜欢你所佩戴的领带的颜色、你皮肤天然的颜色、单调的声音或你的体型，那他们就不可能好好倾听你对他们所说的逻辑。

我母亲总是看不惯那些戴着耳环的男人，因为她认为只有海盗才会戴耳环，而海盗当然不是什么友善之人。如果一个戴着耳环的男人尝试向我母亲推销一些东西或尝试劝说她做某些事，我敢保证，她会把其看作是和铁血船长有某些关系的人。此时，她大脑逻辑的那边并不会参与判断。她的脑海中拥有的只是各种错误的图片。当然，有些人比其他人更逻辑化一些，并且总是让自己的头脑主宰自己的感情。我曾经与工程师和从事类似技术工作的人打交道。他们中有些人在与整个右脑情绪部分达成妥协时会遇到很大的困难。他们发现，在销售情景中，或者当他们需要劝说他人来购买其产品或者服务时，自己通常显得不太灵光。他们相信，如果他们向对方介绍了产品的详细信息，展示了可靠的测试报告并且提供一个有竞争力的价格和快速的配送服务，自己就会得到订单。他们并没有认识到，他们磨损的鞋子或不修边幅的外表会成为其工作的阻碍。

是否戴假发

在一次培训中，一家打印机公司的总经理告诉我，最近一位销售打印机的销售工程师刚刚拜访了他。这是他们所有会面中唯一一次坐下来一起讨论购买高端技术和昂贵的机器。我的这位总经理朋友告诉我，当他坐在自己的办公室和这个销售工程师交谈时，他无法控制自己不去看对方的假发。他脑海中盘旋着一个想法：你在假装自己没有秃顶。那你还有什么是在装假呢？这位销售工程师并没有意识到，他富有结构和逻辑的说服过程会被自己不合适的发型所连累。

所以，不管是否喜欢，如果你想显得富有说服力，你就需要记住你是在与活生生的人打交道，而不是在与机器人打交道。有力量的说服者总是更多地使用他们的右脑而非左脑。更关注他人的情绪，你就更有可能成功。

痛苦或愉快

你要永远记住，人们总是更愿意亲近那些让他们感到开心的事情或情境，逃离那些导致痛苦的事情。如果你正在尝试劝说某人吃得少一些，不要告诉他们，这样吃下去他们最后会看起来像一只硕大的气球，这对他们来讲是一幅太过痛苦的画面，所以他们会把这一画面赶出脑海，完全无视你说的任何话。更好的方式是告诉他们，如果少吃一些，那他们在穿好看的衣服和游泳衣时会看起来多么曼妙和光彩照人。向他们描绘这样的画面会为他们带来更愉悦的感受。

如果你想要孩子好好地完成家庭作业，不要喋喋不休地提醒他们考试挂科，或考不上大学，或无法得到一份体面的工作。和他们谈谈那些对他们来说重要的事，以及他们会如何通过考出好成绩来达成这些愿望。记住，要总是谈及愉快，而非痛苦，因为我们会关闭痛苦而不去倾听。

> "在世界上，唯一能够影响他人的方式是谈论他／她想要什么，向他们展示他们可以如何得到它。"
>
> ——戴尔·卡内基（Dale Carnegie, 1888—1955）
> **美国培训师、作家**

感觉良好的因素

尝试说服他人或向他人销售产品、服务或理念可能是件非常困难的事情。但是，如果你用自己的前额叶牢牢记住这是一个心理过程，那么这件事就变得容易许多。成功主要基于对情绪的影响。

人们有各自的喜好、要求和渴望。如果他们要对某事做出决定，特别是那些对他们来说是全新的事情，那么他们会希望有良好的感受。

当你自己处于劝说过程中的接收方时，决定为一个理念、一个新产品买单或接受做某事的一种新方法之前，你会先做出一个重大的情绪决定：

"我相信这个尝试说服我的人吗？"

许多从事销售或管理工作的人，或者从事其他一些需要日常与他人打交道的工作的人，他们通常没有意识到其个人影响的重要性。简单来说，如果你想劝说他人改变心态，劝说他人购买一个商品或一种服务，那么你首先要做的便是推销你自己。

↘ 推销自己的 6 个方法

回忆一下你过去购买过的产品或服务。是符合逻辑的、合理的论证还是他人的提议帮助你做出了决定？或者，你在多大程度上受到某个具体的人给你带来的影响？

　　我的一个朋友最近买了一辆新车。在购买这样一件明显属于重要商品范畴的商品之前，她曾经斩钉截铁地跟我说，她一定会跑遍所有的展厅，购买价格最合适的车。几天后我见到了她和她的闪亮新车。我显然会这样问她：

　　"你是用最合适的价格买下这辆车的吗？"

　　"那是当然了。"她说，"我用非常合适的价钱买下了这辆车，那个销售真的是一个很好的人，我非常喜欢他。"

　　很显然，她只去了一家汽车展厅，受到销售人员的吸引，从而放弃了光顾其他汽车商家。很显然，这位销售人员非常有吸引力，让她接受了她得到的第一份报价。我这样说并非要证明她购买的价钱不合适。而是说，我确实看到她在接受销售人员的报价之前，已经决定"购买（信任）"这位销售人员了。

　　悲哀的是，自信的骗子们也深知这种情况。他们知道，如果自己能够成功推销自己，那人们几乎会接受他说的所有事情。已经有大量的故事告诉我们，人们会购买那些完全不存在的商品或非卖品。有一个很有名的事件是，一个美国人付给一个骗子一大笔钱，意在购买伦敦的塔桥。而塔桥很显然是不可能被售卖的！

　　在你劝说他人接受你的思考方式之前，你需要先推销你自己。下面是通往成功的 6 个步骤。

第一印象至关重要

几乎所有人都知道这一条，但是在这个方面却仍然什么也不做。他们似乎会这么想：如果人们更了解自己，自然会更喜欢自己。这在很多时候确实是对的；但是，人们会对他人快速做出第一判断，并且会倾向于相信他们的第一判断。我们在见到他人的前 6 秒之内会在潜意识里对他人做出 11 条判断。这是我们内在植入的自动化程序之一，这能帮助我们存活下来。

在一项关于人力经理的匿名调查中，他们承认在见到面试者的前 30 秒内就做出了决定。而这个决定主要受到视觉印象的影响。因此，我们必须更加关注我们的穿着、身体姿态和眼神交流，关注我们一张口是如何表达的。

你希望给他人留下什么印象，就应该相应地穿着符合该印象的服饰。避免穿着和言语传递相冲突的感觉。如果你要去见银行经理讨论贷款事宜，那么你要穿正式公务装；如果你要去见一位愤怒的顾客或一位情绪不好的员工，那么要确保你的穿着看起来聪明、职业化。但这并不意味着你要去见一个十几岁的青少年时，你也要穿得像一个青少年。但是，你需要清楚地知道，我们所有人都会高度受他人着装的影响，虽然不同的人受影响程度不尽相同。

微笑

如果我们想让他人愿意相信我们、接受我们的提议，那就需要让他们和我们在一起时感到舒适和开心。一个愉快和真诚的微笑能够让他人在开始时就感到放松，哪怕他们原本的感受是愤怒或烦躁。我在商场上遇到过很多人，他们的表情经常是严厉的，有时甚至是让人害怕的，也有时候是空洞无聊的。从见面开始他们就会让我感觉不舒服，而如果我感受到的是这样的情绪，那么我便完全无法接收到他们所说的任何话了。

微笑对你自己来说也是件好事——微笑会释放内啡肽，让快乐激素在你的身体里运转。你接下来需要关注的是自己的牙齿和口气。我最近遇到一个人，他非常乐意告诉我关于他的一切。唯一的问题是我无法专注在他所说的话上，因为他有口气。人们更愿意对那些拥有令他们喜欢的外表的人或那些有着乐观开朗的表情和令人愉悦的微笑的人说"是"。当然，在你面对一位生气或不高兴的顾客时，脸上展露开心的笑容则可能并不适合。

握手

请带着微笑，积极而坚定地与他人握手。不要用似乎能捏碎他人手骨的力量握手——那只会让你看起来像个傻瓜。有一些人说他们会等对方先伸出手，但如果你们两个都站在那里等待对方先伸出手，那么这个握手就永远不会发生。触摸是非常有力量的，这会帮助建立最初的联结。在遇到每一个你想要劝说或影响的人时，每一次都先主动向对方伸出手。下面有一个小贴士，帮助你判断对方对自己是接纳还是拒绝。当你轻轻握住对方的手时，把自己的手朝顺时针方向翻转。如果你感觉到对方的手有些抗拒，那么说明他们很可能此时感到紧张，并且可能会在一开始就拒绝接受你所说的话。如果他们的手会跟随你的手而转动，那么说明对方比较放松。

有些人，尤其是政客们，喜欢用两只手来一起握手。这对你来说可能有点过头了，所以这里有另外一个小贴士能帮助你给他人留下印象。当你握手的时候，同时用另外一只手触碰对方的小臂。动作要快速而坚定，并且在每次见到这个人时都这样做。这会帮助建立对方和你在一起时的积极感受，并且也会给他人留下与众不同的印象。

使用积极、开放的词汇

你通过自己的外表、友好的微笑和独特的握手方式给他人留下良好的印象之后，不要再因为说错了什么话而让这一切化为乌有。人们倾向于相信他们所看到的一切，更胜过他们所听到的一切，但是说一些不恰当的话或不清晰的话还是可能会妨碍到整体的自我推销过程。诀窍是，在与他人会面之前做一个计划，或者至少想一想你一会儿要说什么。我能接受并不是所有与他人的会面都需要提前计划；但是，即使是对意料之外的临时碰面，你也需要对如何开场、哪些问题可以提出有一定的储备。如果你要去拜访银行经理或上司，或拜访与你一起工作的某个人，或拜访孩子学校的老师，那么你需要仔细准备开场语。一个好的策略是让他们尽快开口说话，所以你准备的开场语需要简练。以下是一些示例：

> "你好，强尼，你看起来气色不错。跟我说说，你是怎么享受自己的佛罗里达假期的？"

> "早上好，史密斯先生。我真的好喜欢你办公室的设计风格，在这里工作感觉舒适吗？"

> "你好，玛丽，你看起来真棒！你最近是做了更多运动吗？"

> "很高兴见到你，杰克。我喜欢你的新车，开起来是什么感觉呀？"

当推销自己时，你的开场语需要显得积极、真诚并包含邀请对方回应的语言。同样重要的是，在交流中要提到对方的名字，但是不要提到太多次。

几年前，我在亚伯丁（Aberdeen）的一家旅馆里度过了很糟糕的一晚（我似乎经常对旅馆有意见）。退房时，我要求与旅馆经理面谈。我当时非常疲惫、烦躁，想跟他说说我在这家嘈杂的旅馆住宿的体验。我一边在接待处来回踱步，一边在脑海中组织语言，想着要如何跟他说清楚自己是怎么想的。这个穿着得体的男人穿过旅馆大堂主动靠近我，向我伸出手，微笑着说：

"早上好，菲尔韦德先生。我叫阿利斯泰尔·麦克唐纳（Alistair McDonald），是这家旅馆的总经理，很高兴见到您。听说您在我们旅馆度过了一个很糟糕的夜晚，我感到非常遗憾，请一定和我说说究竟都发生了什么。"

我被他积极、友好的态度感染，瞬间失去了打算好好抱怨一番的冲动。他和我沟通时使用的思考模式让我放弃了消极模式，也同样进入了思考模式。我发现我很难对他生气，于是我开始解释我都遇到了什么、体验如何并接受了他的道歉。

如果他在和我沟通时，用这样的话开场："你好，我是经理。我可以怎么帮到你？"那么，他很可能会收到我更激烈的抱怨。

让人惊讶的是，有些人与他人碰面时使用以下这样的消极语言开场。

"我的天哪，你怎么重了这么多！"

"嗨，强尼，你看起来气色不太好，你是生病了吗？"

"嗨，鲍勃，你今天会打这条领带，是因为这是你和别人打赌输了的代价吗？"

这些人在说这些话的时候，完全没有意识到自己给他人带来的情绪体验。自然，他们也不理解为什么他们的朋友或同事后面会对自己所说的话那么排斥。你希望他人接受自己，接受自己所说的话，那么，重要的是让他们感觉舒服，让他们处于积极的心态当中。

成为一个好的倾听者

这是自我推销的一个最重要的因素。许多人相信，为了推销他们自己，为了给他人留下好的印象，他们需要更多地介绍自己。我们所有人都曾遇到过这样的人，可能是在工作中，也可能是在日常社交场合上。他们会和你说他们自己的各种事——他们的工作是什么，他们的资质是什么，他们开的车是什么，他们的假期都去哪里，他们都认识什么人，他们的孩子有多聪明以及其他种种。这些信息之间通常都有微妙的联系，并且通常可以被概括成一句话：

"我们喜欢去托斯卡纳（Tuscany）（意大利行政区名）度假，因为我在那里遇到我的丈夫，那时候他刚从医学院毕业，而我刚完成我的博士学业。"

"因为我们的女儿要环游全国参加更多的骑行比赛，我们需要买一辆路虎车，这样才能装下她的所有装备。"

这不是自我推销的方式，显然也不是开启劝说过程的一个好的开场。优秀的自我推销的步骤应该是以下这样的：

❖ 提问；

❖ 倾听；

❖ 展现出倾听的样子。

良好的倾听技巧主要会带来以下两个好处。

1. 你会了解到对方的很多信息：他们是如何思考的，他们的感受如何，对他们来说，什么是重要的。

2. 你向对方表明，你认为他们是重要的，他们所说的内容是重要的，你重视他们。如果对方能从你这里接收到这些信息，那么他们会愿意与你在更多方面合作、交往。

正如我先前所说，如果你想劝说他人或者在处理麻烦事或者尝试挽回被拒绝的情况，那么倾听是最重要的技巧。在我的销售训练项目中，我一直非常强调这一点。太多销售人员想要不断地说自己的产品或服务有多么完美。我鼓励他们改成倾听，再倾听，如果他们想要成功。下面这几点非常重要，我建议你们能非常仔细地去理解它们。

展现出倾听的样子。要使用大量开放性的身体语言，鼓励对方更多地表达，如身体前倾、保持良好的眼神接触并不时点头。根据所听到的不同内容，相应地调整你的面部表情——由此向对方表达你的感受。女性对此通常都比较擅长。男性则倾向于在倾听时表现得很冷漠，他们很有可能全听进去了，但是说话者可能接收到的信息是这样的：

> "你没有在倾听我，你并不感兴趣，你也不在乎我在
> 说什么，你实际上正在想别的事。"

在这一点上确保正确是非常重要的，尤其当你在与难打交
道的人沟通时。如果他们认为你没有在倾听他们，你不感兴
趣，或者更糟糕的是，你根本不在乎，那么你的处境就会变得
更糟了。所以，你需要保持开放的身体姿势，同时要确保你在
倾听的过程中时不时地说一些类似下面这样的话：

"我明白。"——"确实啊！"——"嗯哼。"——"哦！"

保持你的大脑处于思考模式中。许多人会让自己的情绪或
看法影响所听到的内容。他们会听到什么是基于他们如何看待
这个世界的。我有一个姨妈莫莉，她是我母亲的姐姐。当我还
是个孩子时，她来我们家便总会这样问我：

> "你还好吗，艾伦？一切都顺利吗？你享受在学校的
> 生活吗？"

我会这样回答她：

> "我都好，莫莉姨妈，我也很喜欢我的学校。"

但之后她却会跟我妈妈说：

> "我不认为艾伦过得很开心。在我看来，他的状态不
> 太好，我认为他可能在学校遇到了一些麻烦。"

她为什么会这么说，只有她自己知道，直到现在我依旧不明白为什么。但那个时候她跟我妈妈说的确实不是事实。这有可能来源于她小时候的感受，或许那个时候她很讨厌自己的学校。她的内心不允许她相信我可以过得很开心并且喜欢自己的学校。

保持一颗开放的心、真正去倾听跟我们说话的人，有时候并不是一件容易的事。我们的潜意识里都有一个过滤器，所有输入的信息都会经过这个过滤器，从而被调整成适合我们理解的内容。我们看待世界的方式各不相同，所以如果有人跟你说一些事，请关闭自己的过滤器，让自己处于思考状态中。

做记录。这会让你显得很专业，也会让他人觉得你很感兴趣，也让你对谈话内容有个书面记录。我发现，当我自己在和他人说一些重点，而他们只是盯着我看时，我有时候会这样说："你不想把我说的记下来吗？"他们会这样回复我："没关系，我能记住。"这样的回答让我感觉并不好！

看着对方的眼睛。我曾经在一个开放式的办公室工作，但是我用一个小屏风作为隔板。因为我往往会很容易被很小的事情分散注意力。所以，如果我有一个重要的电话，我通常会闭上眼睛，让自己免受办公室其他人或事的影响。在面对面的谈话中，我必须很努力地集中注意力，努力压制自己想要越过这个人的肩膀去看别的事情的冲动。

你不需要一直盯着对方看，重要的是保持良好的眼神接触，即时不时有一些短暂的眼神接触。在第三章中，我们一起学习了成功的 5 个要素。在讲和谐的部分时我谈到了 NLP 及其如何帮助你提高沟通技巧。NLP 教会我们去观察眼球的运动，让我们学会可以如何从中洞察他人的想法。

用最简单的话来说，如果一个人在和你说话的时候，看向自己的左边，那么意味着他们回忆起了一个具体情境；如果他们看向右边，意味着他们正在构建一个情境，换句话说，他们可能在说谎。和你的朋友来做做这个练习（当然，练习之前不要告诉他们这些），在他们给你讲述一个故事时，注意观察这些细微的眼球运动——向左边运动了还是向右边运动了？如果他们是左利手，那关于眼球运动的解释就是相反的了。

时不时提问。这会帮助你理解对方，并且让对方知道你对他们说的话感兴趣。有时候，复述他们刚说的话也会是很有用的方式。例如：

"史密斯先生，你刚才所说的是这个产品对你来说太大了。"

在与难打交道的人沟通时，如果他们说得太多，提问也可以帮助你控制谈话节奏。

关注说话的语气。我们都知道，一个人说话的语气表明他们所说的话的含义。我们在谈话中必然会关注到对方的语气，但同样很重要的是，需要关注谈话过程中有时出现的语气的细微变化。如果你与一个难打交道的人沟通时问："你对我提出的建议满意吗？"而他们回答："是的，我对你的建议很满意。"在他们继续往下说之前，请确定他们说这话时确实是满意的。

用你的眼睛倾听。你首先会注意到的是对方的态度。当与一个难打交道的人面对面相处时，你不需要让自己成为一个天才，能够在第一时间判断对方是愤怒还是不开心。另一方面，身体语言信号有时候非常细微，重要的是让你的眼睛保持观察（倾听），如同让你的耳朵一直在倾听一般。请记住我之前说的关于眼球运动的内容。观察所有的非言语信息，去"倾听"对方没有说出来的或不知道如何说出来的内容。

不要打断对方。当对方在说话时，你会感觉自己很想为对方提出的问题给出一个答案或解决方案。请压抑住自己的这种冲动。

谈论对方感兴趣的话题

你还记得在数码相机出现之前的黑暗时代吗，你不得不耐心地等待你的度假照片冲洗出来？这些照片记录了你与朋友、家人共度的那些快乐时光，记录了你在海滩上遇到的那些人，记录了你去过的那些地方。看这些照片时，你第一眼会去看谁呢？你可能不愿意承认，但是你心里知道，你总是会先去看看自己。"我在这张照片里看起来好吗？""我在这些照片里显得不好看。""我在这张照片里显得好胖。"

在我们的世界里，我们自己才是那个最重要的人。我们担心自己看起来如何，听上去如何，他人会怎么看待自己。自我形象对我们而言是世界上最重要的事情。这就是为什么那么多人害怕站出来在公共场所发言。我们感觉这对我们的自我形象会是一个重击。人们会不喜欢我们说话的方式，不喜欢我们的样子，而且他们会嘲笑我们，让我们清楚地知道这些。

如果想推销自己并成为一个与难打交道的人打交道的专家，那我们必须持续地肯定对方的自我形象；和他们说话时，必须基于他们的兴趣点，而非基于我们自己的。许多人会不自觉的陷入谈论太多和自己有关的事情这个误区。

我很喜欢迈克尔·勒伯夫（Michael LeBoeuf）的书《如何赢得你的顾客并让他们成为你的终身顾客》（*How To Win Customers and Keep Them for Life*）。他在书中谈到一位年轻的女性，她最近刚结婚，她和朋友们解释为什么她选择嫁给比尔而不是鲍勃。

> "鲍勃就是一切，"她说，"英俊、有教养、极其聪明、有一份很棒的工作。事实上，当我和鲍勃在一起的时候，我感觉自己是和世界上最完美的人在一起。"

"那么你为什么没有嫁给鲍勃，而是嫁给了比尔呢？"
她的一个朋友问道。

"因为，当我和比尔在一起的时候，我感觉自己是世
界上最重要的人。"

当我们在自我推销时，我们需要和他人谈他们感兴趣的事
情。如果你在尝试说服他们，要谈论他们的感受。千万不要像
下面示例中这样说：

"如果你接受我的建议，我会感到非常开心。"

应该这么说：

"试想一下，如果你接受我的建议，你会多么开心
啊。"

当有人告诉你，他们在佛罗里达度过了假期时，请不要这
么说：

"我也去过那里，我非常喜欢迪士尼世界和湿地，我
们还去了一些非常棒的海滩，在那里我们度过了一个非常
美好的假期！"

应该这么说：

"我也去过那里。这个假期里你感觉最享受的部分是
什么呢？"

这真的是非常简单的事情，然而有那么多人会不自觉地谈

第六章　说服的力量

论他们自己而不是谈论对方。

> 如果你想要显得有趣，那么先让自己对他人
> 有兴趣！

这里有自我推销的 6 个步骤，这会帮助你推销自己并且最终帮助你成功地与难打交道的人打交道，让他们接受你的提议。请记住：

> 人们首先会考虑是否买这个人的账，同时会
> 因为他人与自己相像而愿意买单。

成功的说服者会将自己大多数时间用来建立与他人的亲近关系。他们会把自己的观点传递给对方，并且让对方接受他们的观点。你应该如何传达自己的观点、如何让对方接受自己的观点，这就是接下来我们会一起考虑的内容。我们也会一起看看，人们可能会抵触你所说的话这个事实以及如何应对这样的情况。

↘ 规划自己的策略

你可能会感觉自己并不能总是在与他人说话之前就有一个

规划或做好准备，尤其这样的对话可能会发生在每一天的任何时候。但是，重要的是要有一些指导原则或一个模型，能在这些互动中给你支持。在许多情境下，当我们需要使用我们的说服技巧时，就拥有了规划的机会。如果我们正打算做以下事情，做好准备能事半功倍：

❖ 和难打交道的人开会；

❖ 参加一个工作面试；

❖ 劝说某人为你做一些事；

❖ 推销你的房子；

❖ 和为你工作的人打交道。

或者任何你需要进行其他各种维度的沟通，做好准备也能够提高对方接受你所说的话的概率。

在做规划的时候，你需要考虑以下几点。

1. 你希望从这个会面中得到什么？把它写下来并且让自己清楚地记得它们。同时，考虑一下你的次选方案是什么。哪些是你能够接受的？哪些让步是你愿意做出的？

2. 你打算说什么？这些也同样需要写下来，仔细地遣词造句。我们需要更多地考虑会遇到什么提问，而不是我们想要发表的言论，这个部分我们会在本章后面更详细地谈及。

3. 他们会说什么？仔细思考可能遇到的阻碍是什么，他们可能会提出什么疑问以及你会如何回应这些疑问。

4. 他们会有怎样的反应？他们会开心吗，还是会不开心甚至生气呢？他们会流泪吗，还是会嘲笑你所说的话呢？

5. 你得到所有你需要的信息了吗？你还需要哪些事实或数据呢？有哪些部分是你想要向他人展示的吗？

6. 你在心理上对这个会面做好准备了吗？你准备好以一个积极的心态来期待一个积极的结果了吗？

做好准备会为自己在互动中带来更多的自信，增加他人对自己的好感度，也增加自己作为一个说服者的成功概率。

↘ 初步接触

如果你了解他人并且曾有过成功地向他人推销自己的经验，那么你在与他人的初步接触中会体验到积极的反馈。如果你对他人并没有很好的了解，而他人也不了解你，那么你就需要用到自我推销的步骤了。自我推销不是一个漫长的过程。人类会迅速给他人下一个判断，所以你要记住以下的6个步骤：

1. 第一印象是至关重要的；

2. 微笑；

3. 握手；

4. 使用积极的开场词（要用到对方的名字）；

5. 做一个优秀的倾听者；

6. 谈论对方感兴趣的内容。

要记住，这 6 个步骤会影响你所说的所有内容。所以，请记得：

> "如果他们对你这个人不买账，那么他们也不会对你所说的内容买账。"

所以让我们更仔细地来看看，当尝试向对方传递自己的观点时，你应该说些什么。

↳ 这对我有什么好处

> "如果你要说服他人，你必须诉求于兴趣而不是逻辑。"
>
> ——**本杰明·富兰克林**（Benjamin Franklin，1706—1790）
> **美国科学家、出版商、外交官**

WIIFM 这个首字母组合几乎在所有跟销售有关的图书里都能见到。尽管它看起来像是一个电台的名字，但它实际的意思是："这对我有什么好处？"我喜欢把它视为一个电台，它是在每个人的潜意识中都规律播放的节目。每当有人向我们提出一个建议，或尝试向我们售卖些什么，或尝试说服我们时，我们就会立刻调频到"WIIFM 电台"。这可能看起来很自私，但这正是人们思考的模式。我们会关注他人提出的内容会对我们有什么影响。当你在传递自己的观点时，你说的话要基于对他人而言有什么好处这一点，因为他们也同样在收听"WIIFM电台"。

不要说："我需要你来帮助我打扫办公室。"

应该这么说："你是否愿意帮助我一起打扫办公室，让我们的工作环境更加舒适呢？"

不要说："我想要你加班完成一些事。"

应该这么说："你准备好来加加班，攒出更多的调休时间吗？"

这些例子可能看起来过于简化了，在实际运用时还会需要做很多的调整。但是，我想表达的是总体原则，即不要谈论你想要什么，而要谈论对方可以从中获取什么好处。

同样，无论何时，尽可能提出更多问题而不是陈述自己的观点。如果你正在尝试说服伴侣和自己一起去度假，不要这么说：

"我们去度假吧，一起去享受阳光、沙滩和美景！"

更好的说法是：

"当我们去度假时，你更喜欢什么呢？是沙滩、游泳还是美景呢？"

提出一个问题会让对方真正思考你所说的话，因为他们知道，他们需要回答你。

专业的销售人员很清楚 WIIFM 是什么，在做演示的时候也会考虑到它。他们使用的术语是"特点和收益"。你不需要谈论你的产品和服务是什么，你需要谈论你的顾客可能会得到什么样的潜在收益。

不要这么说："这台电视机采用的是杜比定向环绕六音响。"

更好的说法是："史密斯先生，当你在电视上观看足球比赛时，你希望感觉自己似乎置身于球赛之中的吗？"

不要这么说："这张床的支撑非常稳固，床垫的支持系统也很稳固。"

更好的说法是："布朗先生，你希望能拥有一个良好的睡眠来帮助你放松一天劳累之后僵硬的后背吗？"

不要这么说："填写了这张表格，你便会得到相应的补偿。"

更好的说法是："如果你愿意填写这张赔偿金表格，那当你所购买的新货品出现问题时，便可以享受无偿更换服务。"

人们很多时候只是做一个陈述，并且希望他人自己能意识到其中对自己的好处。问题在于他们并不会这样做！即使他们会这样做，那在他们意识到的时候，他们早就已经不再听你在说什么了。

我曾多次面试求职者，每次他们说的几乎都是他们简历上的各项内容，以下是一些例子。

"我是英语专业毕业的。"
"我参加过一些销售训练课程。"
"我在不同行业有过工作经历。"
"我得到了所有童子军的勋章。"

我发现，很少有求职者会将他/她的技能和经验与公司希望的工作能力关联起来，我经常发现自己内心会出现这样的话："那又怎么样呢？"那个小小的 WIIFM 电台会在我的潜意识中持续播放。这看起来可能显得很严厉或很不友好，因为求职者是在尽他们所能来获得一份重要的工作。我总是尝试用尊重的态度来对待求职者，在面试过程中，我也会引导求职者更多谈论他可以为这份工作或这家公司带来的益处。悲哀的是，几乎不会有求职者自己主动谈起这些，而这也是我开始撰写本书的原因之一。

人们在自己每天的生活中总会尝试在某些事情上劝说他人，以求达成双赢的局面。问题在于，这些做说服工作的人往往并不能很好地做到说服他人。那让我们一起来看看，如何成为一个更好的说服者。

↘ 处理阻碍的 8 步骤

我们都知道，在我们尝试说服他人时，大多会遇到阻碍。在销售界，我们称之为"拒绝"。应对这些拒绝就是销售本身，而悲哀的是，很多销售人员在这方面处理得很糟糕。如果你相信某些事，如果你认可一个伟大的观点，如果你真的非常喜欢某个人，那么当他人与你有不同感受时，你很可能感觉很挫败。他们与你有不同感受的一个明显的原因，是他们的世界观和你的不同。重要的是让他们知道，你理解他们的状况，并且你说的话也是从他们的兴趣点出发的。只有通过这样的方式，他们才有可能接受你所说的话。

拒绝的原因

让我们思考一下他人可能会拒绝倾听的所有原因。正如我之前所提出的，他人的人生规则与你的不同。除此之外，还可能有一些其他原因。

他们不喜欢你。也许他们还不至于不喜欢你，只是他们还不买你的账。你并没有很好地达成自我推销。

他们不相信你。这再一次与自我推销有关。人们信任你的程度可能源于非常微小的事件。举例来说，你承诺他们会在周一早上给他们去电话，但实际上你周一晚上才给他们去电。你并不认为这是一件大事，但是对他人来说这可能就是件大事，而这会影响到他们对你所说的话的相信程度。

他们不理解。人们对某事说"不"往往主要是因为他们不理解你在说什么。他们可能向你提问，想要你澄清你在说什么，但更多时候他们并不会主动提出。对一些人来说，主动要求你解释或澄清是一件很困难的事。他们会感觉自己越界了，或自己看起来显得很傻。因而对他们来说更容易的方式是直接说不。

他们没有倾听。人们拒绝你所说的话还有一个重要原因是，他们并没有真正倾听你所说的话。这与不理解是不同的，这种情况下，他们是没有接收到你传递的信息，或没有从你的建议中听出对他们有任何益处。人们没有倾听的原因多种多样，我们需要回到先前谈的倾听技巧。我认为，当有人对自己说话时，极少有人能够认真倾听的原因可能会有许多，以下列举一些：

❖ 他们被某人或某事分散了注意力；

❖ 他们感到疲惫或无聊；

❖ 他们在赶时间；

❖ 他们认为自己知道自己可能听到什么；

❖ 他们正在做白日梦；

❖ 他们不理解你用的术语；

❖ 他们感觉身体不适，天气太热或者太冷；

❖ 他们正在思考他们接下来应该说些什么。

人们要么在说话，要么在准备说话。当然，关键点是，如果人们没有在听，他们也不会承认自己没有在听，而是会简单地拒绝你说的话。

他们确实不想接受你的提议。人们对你说的话没有兴趣，这可能是因为一些只有他们自己才知道的原因，或者一些他们可能告诉你的原因。例如，如果你尝试劝说我去看歌剧，我是不会去的。因为，虽然你可能认为这是一件很美好的事，但是我已经尝试过了，而且我清楚知道自己并不喜欢。

一个难打交道的人可能不想接受你的提议。有时候这样问更好：

"我能做点什么，让这个提议更适合你呢？"

请记住：不论何时，当你尝试劝说某人，或向他们推销东西，或让他们接受你的观念时，你不可能在每个人身上都获得成功。

他们现在不想要。有时候人们可能对你的提议本身是认同的，只是他们此时此刻并不需要。例如，你向某人求婚，对方可能说"不"，但可能随后情况会有所改变。因此，不要放弃，但是可能需要先放一放，再等一等合适的时机。

他们不想改变。人类是习惯的生物。我们在舒适区工作和生活：早晨起床吃同样的早餐，走同样的路线去上班，做相同的工作，然后回家看同样的电视节目。所以，当有任何人或任何事尝试改变我们的习惯时，我们会自动防御。请记住，人类是完全受情绪驱使的生物，所以改变是一件非常情绪化的事情。如果你和伴侣很享受每年去西班牙的同一家旅馆，那么尝试说服你去不同的地方会是一件困难的事。人们可能有各种合理的理由来解释为什么去希腊度假不错，但是你可能还是不会接受其观点。拒绝改变经常是最难攻克的阻碍。

> "任何改变，即使是为了变得更好，也总是有缺点的，同时也伴随着不适。"
>
> ——阿诺德·本涅特（Arnold Bennett，1867—1931）
> **英国小说家**

所有的阻碍处理起来可能都比较困难，且你无法赢得所有人。但是，通过使用一些简单的技巧，你可以赢得更多情境。必须要说的是，与他人打交道，尝试说服他们并不是为了占他们的便宜。在任何说服情境中，你的目标都应该是双赢的局面。如果你的目标是一方赢一方输的状况，那么你最多只能成功一次，因为他人再也不会让自己被你说服。

阻碍基本有两种类型：客观性的和情绪性的。如果你拒绝17岁的女儿购买第一辆车的请求，你有可能用客观性的方式回应她：

> "你没有足够的钱来购买一辆车并负担维护费用，而且目前你也没有办法挣到这些钱。"

或者也可能是用情绪化的方式进行回应：

> "你还太年轻了，我在17岁时也没有车。而且如果你有了车，我就再也无法知道你去哪里了。"

当你尝试说服某人时，重要的是迅速识别出其阻碍是客观性的还是情绪性的。而最简单的方法便是提问。他们可能正在说某件事，但他们指的其实是另外一件事。为了弄清楚对方的阻碍的真正原因，你需要问一些问题。以下是一些示例。

❖ "是什么让你有那样的感受呢？"

❖ "是什么让你这么说呢？"

❖ "我说了一些让你感觉不太舒服的事吗？"

直接但是表达尊重的提问更有可能帮助你弄清阻碍的真正原因。举例来说，当你正在和一个难打交道的顾客打交道时，若他们说：

> "我不接受你关于赔偿的提议——你也不用再和我提了！"

可能他们的意思是：

"我完全不理解你刚才说了什么。"

好的问题能够帮助你看到顾客拒绝自己的提议背后的真正原因，这样，你就会有办法来处理它们了。

处理阻碍的 8 步骤

1. **倾听**。当其他人对你说的话产生阻碍时，使用你的倾听技巧。让他们把想说的话说完，不要急于提问或给予回应。

2. **专注**。你要让自己看起来很在意对方所说的话。更多地使用积极的身体语言，保持良好的眼神接触。

3. **暂停**。当他人说到一个重点时，可以暂停两到三秒钟。这不仅会给你一些时间来思考，也会让对方看到你在用心思考对方所说的话。

4. **赞美**。可能这么说比较合适：

"这是非常好的一个点。"或者"谢谢您提出这些。"

5. **提问**。这是当你需要确认你听懂了的时候可以使用的方法。你用的是客观性的回应还是情绪性的回应呢？你可能会这么问：

"我提议的哪个部分让您感觉不好呢？"或者"如果您现在不能帮我，那么您觉得什么时候您可以来帮我呢？"

6. **共情**。这可能看起来是一件奇怪的事，但是，这不是指要同意某人，而更多的是去理解他人的感受。你可以这么说：

> "我理解您的意思。"或者"我很感谢您能理解这件工作并不容易。"

7. **回答**。这时候你需要回应对方这件事会给他们带来的好处。记住 WIIFM。运用共情的技巧，你可以这么说：

> "我理解你不想现在做这个演示。如果你决定要做，这会帮助你建立自信，同时让你在未来有更好的升职前景。"

> "如果我处于你的位置，我也会觉得自己经验不足、不足以胜任这份工作。但我的年轻、热情和活力能够在一定程度上弥补经验不足。你觉得呢？"

8. **核查**。当你回应了他人的阻碍之后，你需要核查他们对你的回应是否感到满意：

> "你觉得满意吗？"
> "你觉得有道理吗？"
> "你对此感觉好一些吗？"

如果对方的回答是"不"，并且提出了更多的反对，那么比较适宜的方式可能就是重申对他们的益处，提出一些新的益处。记住：要回应给对方获益的部分，是对他们有益处，而不是对你有益处！

当你在处理阻碍时，你不需要把以上 8 步都用到。但是，基本的原则是共情和回应给对方他们会获得的益处：

"我理解你的感受以及这对你来说意味着什么……"

处理阻碍的其他方式

如果你基本确定他人可能会提出什么样的阻碍，那么你也许可以自己主动提出：

"你很可能感觉我没有足够的技术和经验来应对这项工作，但是……"

"可能你觉得我没有权利提出这个问题，但是……"

"你可能认为这个赔偿方案不公平，我能理解你的感受。让我们一起再考虑一下这个方案究竟意味着什么……"

对自己主动提出他人可能对自己的阻碍和拒绝要非常慎重，只有在非常确定他人会提出这些时，这个方法才会起作用。如果不是这样的情况，那么你可能反而会给他人的心里种下怀疑的种子，因为这是他们之前完全没有想到过的问题。

另外一个你可以从职业化的销售人员那里学到的技术是：

感受——类似的感受——发现

这又是一个共情和获益的反馈方式：

"我理解你的感受。当我问你的同事强尼同样的问题时，他也有这样的感受。但是，他现在已经真正体验到，这个新系统降低了他的工作量。"

当你有过成功应对阻碍的经验时，作为一个强有力的说服者，你还需完成一个最终步骤——提出自己想要什么！

> "如果你不提出自己的需要，你就永远无法获得。"
>
> ——圣雄甘地（Mahatma Gandhi，1869—1948）
> 印度政治领袖、精神领袖

一些人能够很出色地完成对他人阻碍的处理、为他人勾勒出其获益的蓝图，但是，他们通常不会询问对方想要什么及其希望接下来如何做。他们间的互动经常停于一个悬空的状态：

"我知道你会很享受在这个新部门工作的——这里有更大的空间让你来施展才能，当然，你还能挣到更多的钱。"

在说完这句陈述之后，一些人就会停在这里，期待对方有所回应。而通常的情况是，对方很可能对你的建议提出更多阻碍，或者他们干脆会用拖延的方式来应对。想要避免以上这些情况，你可以在说完那句陈述之后，加上这样一句话：

"你打算什么时候开始呢？"或者"需要我来给部门
经理打个电话，告诉她你会在周一过去报到吗？"

有些时候你可以在结束自己的陈述时，加上一个选择
问句：

"你想要在周一开始这项新工作，还是想等到本月末
开始呢？"

"你希望在今晚还是在明晚加班呢，哪个时间对你更
合适呢？"

在销售界，大家都知道这样的陈述句是在销售完成的时候
说的。对许多销售人员来说，这是这份工作里最困难的部分
了。为什么会如此困难？为什么对于许多销售人员来说这会让
他们感觉不适呢？原因是，我们讨厌"不"这个词。即使是非
销售人员也会避免提出自己的需要，因为他们讨厌听到"不"，
或"我不想要"，或"我不感兴趣"。问题在于，我们会把这个
拒绝当作是对我们个人的拒绝。我们会这么想："你是讨厌我
吗？"或者"你认为我是个傻瓜？"或者干脆认为："你是在
针对我。"

"不"是阻碍和拒绝的一种形式，正如我先前所述，说
"不"可能有多种原因。有可能确实是他们不喜欢你，但是，
在绝大多数情况下主要是因为其他各种原因。如以下示例中的
情况。

❖ 对他们来说这意味着什么？

❖ 他们还不理解。

❖ 他们真的不想要你的提议。

❖ 他们不喜欢变化。

❖ 他们没有认真倾听。

所以，不论何时你听到"不"这个词，不要把它当作是针对你个人的。请回顾你所学到的应对阻碍的技巧，用它们来应对目前的情况。正如圣雄甘地所说："如果你不提出自己的需要，你就永远无法获得。"提出自己的需要并不是在说服某人或想操纵对方；提出需要表达的是一种自信果断，同时也可以让对方清晰地知道你想要什么。其实许多人希望他人帮助自己坚定想法，例如，他们希望有人来鼓励自己购买一辆新车、去度假或者去找一份新工作。所以请不要轻易错过这一点——要记得告诉他们你自己想要什么。

↳ 说服者的 6 个原则

为每次沟通都做好准备。既然你已知道作为一名说服者所需具备的所有技巧，便需要永远为会面和沟通做好准备。从现在开始，你就要为未来的情况做好准备，你需要提前演练，需要有一个周全的计划，需要知道哪些方式也许不适合。在脑海里演练如何应对某些特别的互动。

设定积极的目标。你自己需要清楚地知道，你想从每次互动中获得什么。把它写下来。

推销你自己。要记住，如果他人不买你的账，那么他们便不会将你说的话放在心上。要建立信任，要在适当的时机使用对方的名字，要保持微笑，要对他人保持愉快和感兴趣的态度。

谈论结果。当你向他人表明自己的观点时，请同时告诉他们相应的结果。要记住，他们对你想要什么并不感兴趣，他们想知道的是他们从中能有什么获益。

处理阻碍。不要把他人的阻碍看成是对你个人的拒绝，也不要去和对方争论。同意对方的观点，表达共情性理解，就对方的谈话提问，并且回应可能的结果和他们可能的获益。

提出你想要什么。如果不提出你自己的需要，那么你可能永远无法前进。记住，他人可能会很开心你能帮助他们做出决定。

在本章的开始，我提出的观点是，说服的力量对你的幸福和健康来说都是非常重要的。这不是指你要随心所欲地按自己的方式行事，也不是指你可以如何操纵他人，而是指如何吸引他人来关注你所相信的一切，同时让他们能够从中获益。我们倾向于相信我们自己的方式是最好的，所以认为他人也应该和我们的想法类似。然而，经验告诉我们，事实往往并非如此。但这也不应该让你止步不前，放弃尝试说服他人去接受你的提议，因为这些建议也会让他们受益良多。不过，重要的是，要尊重他人的观点，试着从他人的角度去思考。祝福大家都能成为一名强有力的说服者。

7

CHAPTER

第七章

成功的策略

毫无疑问，我们从前面的章节中已经了解到，我们的行为会对许多我们可能不得不去应对的难打交道的人产生巨大的影响。但是，我想我们都生活在一个真实的世界里。不论你是多么好的一个人，或者能多么成功地推销自己，或者能多么成功地从思考模式出发与他人交流，你还是会在某些时候遇到一些难打交道的人。所以，你需要一些可以在日常生活中使用的技巧和技能。我们首先一起看看，如何应对一位难打交道的顾客或客户。然后我们探讨如何应对团队中难打交道的成员。当然，这些技巧可以用在任何难打交道的人身上，甚至是自己的老板身上！

顾客的真正需要

在我们一起学习如何应对难打交道的顾客的相关技巧之前，重要的是了解他们一开始真正想要的是什么。满足这些基本的需求可以减少你不得不去应对的难打交道的顾客的数量。顾客真正想要的是什么，可以分为两个领域。

第一，他们想要你们公司的核心服务来满足他们的需求。

他们期待你们的商品或服务能够有效。如果你是一名水管工，那顾客便期待你能够修好他们漏水的管道。如果你是一名会计师，那他们便会期待你能解决他们有关税收细节的问题。

他们也同样期待你们的商品或服务能够显示出物有所值。如果我购买了一双昂贵的冬靴，我会期待这双冬靴既能防寒又能防水同时还要好看。当然，如果我买了一双便宜些的靴子，我便不太会期待它们很耐穿。

顾客同样期待售后服务能够高效，如果我新买的冬靴在我第一次穿它们时就开始漏水，那我会期待商场能立即给我换货。

但是，以上这些都不会增加顾客的忠诚度，或者让顾客愿意告诉他人你们的商品或者服务有多好。他们认为这些核心服务是公司理应做到的事情。你不会看到我奔走相告，让大家都知道我新买的冬靴不会漏水。

第二，这是最重要的一点，顾客真正想要的究竟是什么，以及是什么影响他们对商品或服务的忠诚度，在什么情况下他们愿意告诉他人你们的服务或产品有多么好。这包括但不限于以下几点。

❖ **得到温暖、友善的回应**。当顾客与你面对面沟通或电话沟通时，他们想要一个温暖的回应。这仍然是事务性的工作，但是你和你团队的员工需要看上去和听起来都显得友善、讨人喜欢。

❖ **感觉自己被重视**。他们知道你们有很多其他顾客和客户，但是你让他们感觉到自己是特别的，这会让他们十分高兴。

❖ **希望被倾听**。顾客通常会认为，给他们提供服务的人并不会真正倾听他们。你必须持续练习自己的倾听技巧。在与他人交流时，保持恰当的眼神接触，将注意力集中在对方所说的话上。保持一个开放的心态，控制住想要回答问题的冲动。同样重要的是，让对方看到你在倾听。在面对面交流时，要使用开放的身体语言并不时点头回应；在电话沟通时，则需要使用大量的"嗯，啊哈"等词来传递身体语言无法传递的信息。

❖ **与他们沟通的人知道自己的名字**。每个人的名字是其所听到过的最美好的字眼。当你与顾客沟通时使用到他们的名字，这表明你认识他们本人。但不要使用得过于频繁，否则容易让人感觉到被冒犯，但是，至少要在谈话开始时和结束前使用到。

❖ **灵活性**。顾客讨厌听到"不"或"我没办法做到"。你不可能总是能对顾客说"是"或完全满足其需求。所以，重要的是要尽可能有灵活性，告诉顾客你可以做什么，而不是告诉他们你不能做什么。

❖ **解决问题**。当事情出了问题，顾客希望你能快速解决这些问题。他们不想听到任何借口，也不想知道责任在谁或这个问题发生的原因，他们只是希望能快速解决这个问题。顾客经常通过解决问题的方式来评价服务质量。只要你能很好地解决其问题，他们甚至会原谅你在过程中犯的一些过错。

让我们举个例子，如果你在饭店工作，而你端上来的菜并不是按照顾客期待的方式烹制而成，或者你上的菜不够热，那么你需要道歉，让顾客知道你很在意他们的需求和感受，向他们保证你会尽可能快速地去解决这个问题。告诉顾客，他们的主菜免单，或者他们可以获得一些赠送的酒品或甜品。这样处理后，当顾客向他人谈及你们的饭店时，他们可能会这样告诉他人：

"虽然一开始出现了一点小问题，但是当我指出这个问题时，他们立刻对这个问题进行了妥善处理并且为此感到非常抱歉。"

不要担心事情出现问题，这通常是向顾客展示你们的服务有多么好的一个良好的机会。

总体而言，顾客只是想要有好的感受。他们在与你或你所在公司的其他人沟通之后，他们会希望有更好的感受。如果你能为他们带来这样的感受，那么你就能够很好地给予顾客他们真正想要的，并且能大大减少你在职业生涯中遇到难打交道的顾客的数量。

不幸的是，一些机构自己把自己的生活搞得很艰难，这大多是因为他们的核心服务让人失望，且其提供的商品和服务也令人难以接受。不仅如此，其员工与顾客之间的沟通往往比较糟糕，这让他们的服务更加让人失望。

在最近的海外旅程之前，我曾给两家我平常使用的银行致电，想要告知他们我可能会在新加坡和越南使用我的 Visa 借记卡进行消费。当我给第一家银行致电，告知他们这件事时，客服人员是这么说的：

"您的借记卡不能在海外使用，但是我会致电相关部门为您的卡开通所有功能。"（你注意到客服人员使用了两个要避免使用的词了吗？）

随后他询问了我一些与密码安全相关的问题，如我前往地的分行地址以及我的密保安全电话等。我解释说我查询了网络上所有的银行分支信息，但是我找不到我前往地的分行地址以及我的密保电话号码。他又询问了我一些其他问题，并告诉我随后会再联系我，但他用的是一种非常官方的语气。他提出的三个问题，我答错了两个，现在他得通知安全部门。而我开始因为其语气和指责的态度而感到生气，并且我仍旧不能在海外使用我的借记卡。这位客服人员刚刚正创造了一个难打交道的顾客！

我给第二家银行致电，告知他们的信息与告知第一家银行的一样，而我们的对话是这样的：

"这个月晚些时候我会去新加坡和越南旅行，我想在那里使用我的 Visa 借记卡。"

"菲尔韦德先生，没有问题，我会联系相关部门告诉他们您的计划。请您确认您的银行账户号码和识别代码。"

当我给了他要的信息后，他说：

"祝您旅途愉快，菲尔韦德先生。希望您一切顺利。谢谢您的来电。"

之前我还和第一家银行有一些过节，但这都不是有关他们的核心服务的，而是关于我与其员工的沟通的。

不管你所在公司的服务有多好，你依旧无法避免某些时候需要和难打交道的顾客打交道。所以让我们一起来看一些有用的技巧。

↘ 先处理情绪，再处理问题

如果你面对的是一位情绪激动的顾客，那你的首要任务便是安抚其情绪，之后才是处理其遇到的问题。换言之，先处理其情绪，再处理其问题。许多人，尤其是在客服部门或管理部门工作的人，倾向于直接进入问题处理模式，而不是先处理顾客的情绪。

举个例子，假如一位顾客致电说：

"我实在受够你们这些人了——你们永远也无法把事情做对。这已经是我这个月第三次收到错误的快递了！"

许多管理者和客服处的人会像下面这么说，当然这是错误的说法：

"我们对此感到很抱歉，请给我您的账户号码，我来解决这个问题。"

他们直接进入了问题解决模式，而顾客却持续在咆哮，继续表达自己的愤怒。他们相信，如果他们对这个问题做了一些处理，或者看起来在处理这个问题，那么这位顾客就应该会冷静下来。实际上，你真正应该做的是处理这位顾客的愤怒，因为你不可能靠尝试处理问题而有效地降低其愤怒。

我们说过，与人沟通分两个层次，即人际层面和商业层面。你需要用人际层面的沟通来处理情绪，而用商业层面的沟通来处理问题。

我曾给电信工程师开办过顾客服务的工作坊。一位工程师谈到他曾遇到过的一位难打交道的顾客。当时他正在这位顾客的房子附近工作，在倒车时，他不小心压到了她昂贵的花坛。当时这位顾客明显地表现出其生气的情绪，我询问这位工程师他是怎么与这位顾客沟通的，他回答如下：

"非常抱歉，我没有看到花坛。如果您需要赔偿，按照公司的政策规定，您需要先填写一个表格。"

我询问这位工程师接下来发生了什么，他回答说：

"她一下子变得非常生气。其实我只伤害到几朵花而已，这又不是什么世界末日。"

现在你的脑海里已经有了之前我告诉你的那些知识，你会识别出来这位工程师沟通中存在的问题：

❖ 没有从顾客的角度去看待问题；

❖ 没有从人际层面来进行沟通；

❖ 使用了本应该避免的词汇；

❖ 谈论公司政策。

他犯了这么多个错误，却还没有想明白为什么这位顾客会如此烦躁。

我让这位工程师尝试让自己处于顾客的情境中。我问他，如果他花费了大量的时间照顾自己花园里的花，而有一天一辆货车完全摧毁了他的骄傲和乐趣，在那一刻他会有什么感受。如果在这个时候还有人告诉他，他需要填写一个表格，他会是什么心情？我想这位工程师直到这时才终于明白了问题所在。

让我们思考一下他本应该如何说：

"我很抱歉毁了您的花，史密斯太太。如果我有一座花园也遭受了这样的状况，我也会很生气的（人际层面）。

您愿意填写一个表格吗？这能够补偿您的一些损失（商业层面）。"

这位顾客不太可能在听到这样的话后立刻奇迹般地转变成温顺的小绵羊。更有可能的是，如果他们感受到这位工程师是真的在意自己所犯的错误并且真的感到很抱歉，她会变得不那么难打交道。

你可能会想，这不太像自己所了解的电信工程师的形象，很难想象从他们口中能够说出这样的词汇。但是，在从商业层面回应顾客之前，先使用自己的语言从人际层面进行回应，会让自己的生活轻松许多。通过处理顾客的人文需求，你更有可能更快地进入商业层面与对方沟通，并且可以更快地解决问题。

让我们一起来看看其他应对难打交道的人的技巧。

↘ **反应式倾听**

有时候，某个人、某位顾客或某位同事与你沟通时，会使用消极模式。他们也许并没有使用控制模式或挑衅模式，但是当他们用消极模式应对得不够理想时，他们便很可能会转为使用这两种模式。当对方表现出困惑、担忧、受挫或不高兴时，你可以使用反应式倾听的技术。当对方非常生气时或其行为是由于他们在使用控制或挑衅模式时，便不适合使用反应式倾听技术，这时候的主要目标是处理顾客的情绪，获取更多的信息。一旦你做到这些，你就可以着手处理他们的问题了。

举个例子，当一位顾客联系到你并像下面这样说时：

> "我非常想知道我之前寄给你们的支票是否被如期送到了，我是在到期日之前寄出的，希望邮局没有把它弄丢。"

先思考一下这位顾客在当下的感受，并把这样的感受反馈给他，你可以这么说：

> "听上去您很担心您的付款会出现拖延。"

这位顾客可能会确认他们是担心的，或者他们可能会这么回复：

> "我并不担心。我只是不想出现要缴纳滞纳金的情况。"

这位顾客收到的潜意识层面的信息是，你是一位体贴的人，因为你意识到了他的担心。但看起来只是表达其担心并不够，你必须再说些什么。当顾客意识到你是一位体贴的人时，你便能更快速地进入问题解决阶段。再强调一次，如果你没有从人际层面回应顾客，那顾客便会继续发火、抱怨，并且会变得越来越难打交道。

↘ 运用共情技巧

在平息难打交道的人的问题行为时，共情是一个很棒的技巧。难打交道的人可能正处于控制模式或挑衅模式之中，通过共情，可以让他们停留在思考模式里。这个共情必须是完全真诚的回应。如果你尝试伪装，对方便会发现，进而会变成一个非常难打交道的人。

请回顾一下我们已经讨论过的说话的语调和身体语言。这并不是指我们要同意难打交道的人表达的一切，而是指接受他们的感受和观念对他们自己而言是可以理解的。可以使用以下的示例性语言：

❖ 我理解你会不高兴；

❖ 我意识到你很担心；

❖ 我理解你为什么会这样想；

❖ 我很感谢你刚才所说的这些；

❖ 我知道你指的是什么。

这里有一些例子：

1. "你向我保证你会给我回电，但你并没有这样做。"
    共情的回应："我想那一定让您感到非常沮丧。"

这样说远比用消极模式去回应要好。以下是一个消极模式回应的例子：

> "我非常抱歉。我确实没有时间给您回电，因为那个时候我们手头有很多事情要忙。"

这会引发对方以控制模式或挑衅模式回应，例如：

> "如果你那么忙的话，你应该招更多的员工来工作。"

2. "看一下我的账户消费，这也太高了——我这个月并没有花这么多钱。"

> 共情的回应："我理解您的意思。一个月开销这么高确实很多。"

这远比一个控制模式的反应要好。以下是一个控制模式的例子：

> "这个系统是不会出错的，如果系统显示是这样，那么事实就是这样的。"

这些可能看起来都很简单，但是我想邀请你在下一次表达自己对某件事的担心时，注意观察一下他人对你的反应。我估计在绝大多数的情况下，对方都会直接进入问题解决的商业层面进行回应，而不会有任何人际层面的回应。你可以想象一下，在这样的情境中，你可能会有什么感受。

当然，好消息是，有些人天然会在处理问题之前首先展示出人文态度。我曾经有一次钱包被偷，所有信用卡也一起被偷了。原因是我自己愚蠢地把自己的公文包，包括钱包，留在了我做培训那家酒店的培训教室里。我发现被偷之后，非常不高兴，同时感到又生气又沮丧，觉得自己真愚蠢。我打电话给注册信用卡的那家公司，告知客服人员我的姓名和账户号码。她这样答复我：

> "您一定感到很懊恼，菲尔韦德先生。很遗憾这样的事发生在您身上。在我向您了解更多细节之前，我先问问，您还好吗？"

我解释说，我原本感到非常愤怒和难过，但是她对我的关心让我感觉好多了。我想，如果当时接待我的人不那么具有人文态度，我在沟通中估计不会让他们好过。这位女士面对了我的感受，舒缓了我的情绪，随后帮助我解决了问题。

站在对方的立场

有些时候在共情的回应之上增加一些内容会非常有用，包括把你自己加入进去。如果一位顾客这么说：

> "我讨厌等待！"

在给予一个类似以下这样的商业回应之前：

> "我尽快给您拿表格过来，您可以先填表。"

更好的方式是先给予一个人文的回应：

"我理解您的感受——我也不喜欢等待。谢谢您的耐心,我会给您拿一些表格来填。"

有些人对使用这样的回应感到担心,他们认为这会导致以下结果:

"好吧,那你为什么不想些办法解决这样的问题呢?"

然而,如果意识到你是一个讲道理、体贴的人,绝大部分人是不会这样回应的。如果他们这样回应了,那么继续共情对方并告知其你接下来会对其问题如何处理。

↘ 过渡步骤

一旦你与一个难打交道的人在一定程度上建立了融洽的关系,你就可以进入沟通的商业层面来处理具体的问题了。使用共情或道歉,给予信息、提出问题。例如:

"在您的工作中要尝试和某人沟通确实是一个问题。您不得不克服这个糟糕的菜单系统带来的麻烦,还需要等那么长的时间。而在这些之后,您还被告知所有的操作人员都没有空闲——这样的情况确实太烦人了!"

"我能理解您的沮丧,很抱歉您需要等待这么长时间(共情)。这是我们今天最忙的一个时间段,我们在尽全力来尽快接听每一个电话（信息）。现在您不用再继续等待了，请问我可以如何帮助您呢？（提出问题）"

也许这位顾客正处于挑衅模式中，所以听了这番话之后便更加生气了，于是他可能这样回复你：

"不要告诉我，现在我还得把所有我讲的内容都重新再来一遍。我已经跟你们机构里几乎所有人都说过我的情况了，我都已经说了上百遍了！"

你可以这样回复：

"我能理解您很生气。没有人喜欢一遍一遍地重复说同一件事（共情）。如果您愿意向我说明情况，更可以帮助我尽快且尽可能准确地处理这个问题，您看这样可以吗？"

重构

如果这位顾客拒绝了你提出的解决方案，那你可以重构你提出的解决方案。如果顾客这么说：

"我不想让你把我再转手给其他人来处理。我受够了你们的推三阻四，我要你现在就处理这个问题！"

那你可以这样回答：

"我理解您所说的这些，史密斯先生。我也曾面对过您目前所面对的这类情形，我理解这多么让人沮丧（共情）。为了减少处理问题的时间，最好的方式是找一个可以比我更快、更好地回答您的问题的人（重构）。"

我想找你的经理沟通

一个难打交道的顾客经常会说：

"我想找你的经理沟通。"

你可能不想让他这样做，原因可能有以下几种：

❖ 这可能让你在老板面前显得无能；

❖ 你不得不向她解释发生的一切；

❖ 你有足够的信息来处理这位顾客的问题；

❖ 解决顾客的问题是你的本职工作。

此时，你可以这样说：

"我理解您为什么会有这样的感受，琼斯先生。如果我在您所处的情况下，也很可能想要找一位经理沟通（共情）。但是，我真的很想帮助您，并且目前我手头有所需的所有信息。所以我们可以快速地处理这个问题，您愿意大概描述一下您的情况吗？"

↘ 看得见、说得出的在意

这是另外一个你可以用来应对难打交道的人的技巧。当你意识到确实犯了错并且对方有权利不满时，这个技巧会非常有用。这是说抱歉、向对方道歉或使用共情式回应的一种替代性的方式。

举例来说，一位顾客告诉你，你的工作人员看起来犯了错。那么，一旦这位顾客解释完情况，不管你是否能确定地知道是不是出了问题，你都应该这样回复：

"哦，天哪，这太糟糕了！我会亲自跟进这件事情，之后我会给您回电说明情况。"

你也可以摘录这位顾客说的话，回复的时候用一种升高的语调：

"您还没有收到书面文件吗？哦，不！"

你的表现、语调和身体语言会反映出你的在意。在顾客觉得你们犯了错时，你也许需要多次使用这种回应。这会在很大程度上对其情绪起到安抚作用。如果他们感觉到你很在意，他/她会感觉更有自信提出他们的需求。如果你紧接着给予他们共情，这会帮助顾客进一步冷静下来，并且显得更加易于沟通。

有一些人会担心这种回应可能听起来很假。但是，如果你是真诚地回应对方，这样的话听起来并不会假。你无法伪装——顾客会识别出你是否在伪装，如果他们感觉出来你是在伪装，他们会有被敷衍的感觉。在客服部门工作的人员经常感觉，如果自己做出一些自责的表述或自责的回应，会让公司的形象变得不堪。但是，这不是你正在做的事，你所做的是让对方看到你真的关心他们的情况。

试想这样一个场景。一个朋友致电告诉你，他们遇到了交通事故，虽然他们没有受伤，但他们的车却几乎要报废了。或者她致电告诉你她怀孕了。你对这些消息的情绪反应，不管是看上去还是听上去都要表现出看得见、说得出的在意。

我相信，当其他人确实发生了一些事，你也知道这是一个真正的投诉时，你在脑海中想说的话可能就不会那么客气。这个技巧是让他人听到和看到你的在意，当然，这个表达里不能包括那些不礼貌、不客气的词汇。

所有这些技巧可以应用于任何情况下你遇到的难打交道的人身上，而不只是针对难打交道的顾客。但是，在应对难打交道的员工时，你可以采用一些特定的行动。

↘ 与难打交道的员工打交道

作为管理者，最具挑战性的工作之一便是与难打交道的员工打交道，这些员工包括但不限于以下几种：

❖ 消极和抱怨的员工；

❖ 态度恶劣的员工；

❖ 迟到早退的员工；

❖ 没有倾尽全力帮助顾客的员工；

❖ 业绩下降的员工；

❖ 总请病假的员工；

❖ 消极影响团队动力的员工。

管理者常常问我，他们应该如何管理难打交道的员工。一些管理者认为，会有某些高效的手段、"一枚神奇的子弹"之类的东西可以解决掉他们的所有问题。但是，生活并非如此，管理难打交道的员工是一个日常持续进行的过程。

在第四章中，我们一起学习了如何未雨绸缪。如果你能给自己管理的团队创造一个良好的环境，便会降低你可能遇到难打交道的员工的概率。如果你开始把自己看作是一个团队带领者、教练，而非一个管理者，创造这样的环境便会容易许多。

↘ 管理者与教练的区别

我常常问参加培训的学员："一个管理者应该做什么？他们的职责是什么？"他们通常会给我以下这样的回答：

❖ 计划；

❖ 费用控制；

❖ 资源分配；

❖ 数据分析；

❖ 面试员工；

❖ 解决问题；

❖ 与顾客打交道；

❖ 其他技术方面的职责。

随后，我会问："一位教练的职责是什么？"我听到的回答是这样的：

❖ 领导；

❖ 激励；

❖ 倾听；

❖ 鼓励；

❖ 找到培训需求；

❖ 了解成员的期待；

❖ 信任自己的团队；

❖ 启发成员；

❖ 赢得期待的结果。

在管理者和教练的职责里有一些重合的部分，但是，请思考一个问题：哪一个角色能够帮助你更好地达成自己的目标，最大限度地降低你可能面对难打交道的人的概率？是管理者角色还是教练角色呢？现在我猜你想说下面的话："公司和老板期待我完成所有管理类工作，所以我在这上面花费了绝大部分的时间。"但是要记住，在一天工作结束时，你今天成功与否取决于你所带的团队表现得成功与否，而不取决于你是否有能力按时完成一个报告。

如果你想拥有一个快乐、充满动力的团队，团队成员不会牢骚满腹、抱怨不止，不会占用你的下班时间，不会带给你太多问题，能够对你的工作结果有所贡献，那么你应该把大量的时间用在团队的引领和教练上，而不是花在管理上。

↘ 成功的带领者和教练

与每一个团队成员高质量地相处

你需要从办公室走出来，或者从办公桌前站起来，在团队成员工作的区域花费一些时间。你需要更好地了解团队里每一位成员，包括人文层面和商务层面，而他们也需要了解你。成功的带领者和教练知道如何在人文层面应对或如何处理商务问题。这不是让你去探听团队成员的私生活——这是让你作为一个个体展现出对另外一个个体的兴趣，而绝大多数人会对这样的行为持积极的回应态度。

如果他们有一些抱怨、担心或者负面的评价，这就会是处理这些问题的好时机。花一些时间并仔细倾听团队成员传递的这些信息，让他们知道你关心他们，你在帮助他们处理问题，不论是在人际层面还是商业层面。你还可以与他们交流他们的期待，鼓励和启发他们，帮助他们做得更好。

给予反馈，做他们的教练

你需要时常告诉团队的每一位成员，他们什么时候做得好，什么时候做得不尽如人意。当你看到或听到员工做了一些你非常喜欢的事情时，请告诉他们！当你看到或听到他们做了一些你不喜欢的事情时，请告诉他们！然后，你可以给予教练指导，让他们知道如何做好自己的工作，或者你可以找出培训的需求点，在你们前进的方向上达成一致。大多数员工想知道他们在工作上应该有怎样的表现，他们想知道自己做得是否正确，以及他们可以如何做得更好。

相信每一个个体

你需要经常向每一位团队成员展示你对他们的信任，你可以通过语言表述，也可以通过你说话时的语调和身体语言来体现。如果你不相信他们能够很好地完成工作，他们会非常快速地感知到这个信息，而他们就会有相应的表现。

如果你认为团队成员不可信赖，因为他们会迟到早退，那么他们的行为就真的会如你所想。另外，如果你相信团队成员能够很好地完成自己的工作，相信他们的决定对公司是有利的，相信他们每天的工作是诚实正直的，那么结果很可能就会真的如此。

> "与不相信他人的人相比，相信他人的人更少犯错。"
>
> ——卡米罗·本索（Camillo Benso），
>
> 孔蒂·迪·凯沃尔（Conte di Cavour, 1810—1861）
>
> 皮埃蒙特（Piedmont）的政治家

所以，成功的管理者知道如何更好地管理员工，即花费更少的时间在管理上，花费更多的时间在教练上。

但是，生活永远不会是轻松简单的，所以让我们来一起看看上面的第二点。当你在团队成员工作的区域时，你会看到和听到你喜欢的事情，同样也会听到和看到你不喜欢的事情（这个我们后面再谈）。

↘ 好消息

正如你所看到、听到或了解到的，当一位团队成员表现良好时，你需要告诉他们。而且，需要当时立刻告诉他们，而不是等到下周、下个月或下次绩效评估时说。如果你延迟表达，这个表达的影响力就消失了，当你相隔一段时间再次说起这件事时，你的团队成员很可能已经不记得了。

我知道，有一些管理者仍然对此心存疑虑。他们似乎认为，他们是在感谢一位员工简单地完成了他们本应该完成的事。那么，我向你保证，这具有强大的力量。这会减少你需要处理的团队成员带来的麻烦或问题，减少负面影响，并且大大提高你的团队的生产力。

员工最大的抱怨之一是他们没有得到任何对他们在工作上付出的感谢和欣赏。我们都想要被承认、被接纳、被感谢。这在你的个人生活里也是如此。如果你想让孩子在学校里有好的表现，那么你需要关注他们所做的好事情，并且给予他们大量的积极反馈。这会鼓舞和激励他们做得更好，并且很可能让他们在原本表现不那么好的科目上也有所提升。

给予积极反馈的好处是，如果你经常这么做，当你需要给予一些不那么积极的反馈时，这样的反馈会更容易被接纳。你的团队成员会把你看作是一个公平和正直的带领者，你会在他们做得好的时候告诉他们，也会在他们做得不那么好的时候告诉他们。如果你对此仍然存有任何疑虑，请试着花一些时间思考一下，当某人——你的老板、一位老师或你生活中某一个人——给了你一些积极的反馈时，你感受如何，这会让你想做得更好吗？我相信一定会是这样的！

> "当某人做了一些好事的时候，为其鼓掌！这会让两个人都开心。"

> ——**塞缪尔·古德温**（Samuel Goldwyn，1882—1974）
> **美国电影制片人、美国米梅高电影公司创始人**

↳ 不尽如人意的消息

当你花时间与团队相处时，你会看到、听到或者了解到一些你不那么喜欢或者无法接受的事情。你需要对此做些什么呢？下面列出了三种你处理这些事情的方法：

❖ 忽视；

❖ 斥责；

❖ 教练。

下面让我们依次看看以上每条。

忽视

因为某些原因，许多管理者会选择性忽略团队里出现的不良行为，以下列举其中部分原因。

❖ **他们不喜欢麻烦**。他们相信这可能导致争论，可能会让情况变得更糟，也可能给团队带来糟糕的情绪，而结果会导致出现更多难打交道的团队成员。

❖ **他们不喜欢花费时间在这里**。这可能是一条很真诚的理由，但通常也是一个逃避麻烦的借口。有些时候，管理者会认为最好的方式是等待下一次绩效评估时再就此进行沟通。

❖ **他们希望问题能够自然消失**。即寄希望于这些可能不会再次发生或团队成员可能不再那么难以打交道。

❖ **他们束手无策**。有些管理者没有接受过相关指导或训练，不知道如何应对一个难打交道的团队成员。也许这就是你正在读本书的原因。

忽视这些不良行为带来的结果可能有（但不限于）以下几条。

❖ **其余团队成员的士气会降低**。他们知道正在发生什么；他们可以看到正在发生什么。如果你对这些不良行为或难打交道的人无动于衷，那么你会失去其余团队成员对你的尊重。

❖ **你的事业会受到影响**。如果你的团队中有一个难打交道的成员或一个表现不尽如人意的成员，那糟糕的结果几乎是可以预期的。

❖ **团队成员持续表现不良**。他们认为你不在意，所以他们看不出有什么理由需要改进。

忽视一个难打交道的团队成员虽然是一个简单的方法，但并不是一个好的选择，这会给你的生活带来更多麻烦。

斥责

许多管理者企图通过严厉斥责的方式达到让难打交道的员工改善自己表现的目标。他们会警告员工，如果他们不改进自己的表现，将会遭到哪些处置。斥责可能导致以下结果。

❖ **员工变得完全没有士气。**团队成员开始处于"关闭"模式，每天上班只是例行公事。（你曾经在被斥责之后还能感觉到被激励吗？）

❖ **他们会向其他团队成员传播不满。**除了绩效表现不好之外，他们会对你心生抱怨，并且将其向其他团队成员诉说。

❖ **他们会向顾客和其他同事提供糟糕的服务。**

❖ **你的事业会受到影响，而最终你本人会受到影响。**

❖ **他们可能会离职。**你可能认为这是一件好事，但是这可能会让你的团队工作在短时期内变得更加艰难。而你会需要再次面试和培养一个新人。

❖ **他们会改善和显得不那么难打交道。**这是有可能发生的，但是概率很小。他们可能会在短时间内有所改善，但是或早或迟他们会再次变得难打交道。

教练

这是最好的选择。这不是某种以情动人的方式，而是找出导致不良表现或不良行为的原因，然后与团队成员一起讨论应该如何让其改善。

先前我们讨论过如何给予积极反馈。如果你已经在规律地做这件事，那么你团队里难打交道的成员更有可能在你传递不那么积极的信息时也会认真倾听和对待。与忽视和斥责相比，运用教练方法能够让你有更多获益。如果你能很好地运用这个方法，那一个原本表现不好的团队成员可能会变得更加开心，而不是让你感觉难打交道。

↘ 如何教练

❖ **现在就做**。不要等到下一次绩效评估——在你意识到问题存在的时候就要尽快处理。

❖ **私下里进行**。这样做是有道理的，但是管理者通常会让所有团队成员都了解到他/她的想法，因为他们认为其他团队成员也会从中受益。相信我——他们不会的！

❖ **不要拐弯抹角**。直接告诉他们你对其行为的感受。

❖ **不要谈论公司或团队的其他成员**。你是一位管理者，你的团队成员会想要取悦你。

❖ **更多使用"我"**。请用这样的方式说话："我偶然听到你与顾客的沟通，对你与他们说话的方式不满。我很愿意听听你的想法。无论如何，我们需要就未来怎么做达成共识，因为这样的行为会让我们损失大量客户，而这是我不能接受的。"

❖ **一次聚焦一件具体的事情。**不要把你之前忽视的所有问题行为列成清单，然后一次性说出来。这不是教练，而是又回到了斥责。

❖ **清晰地叙述你担心的事情。**可以这么说："我无意间听到你与顾客的沟通，你说这不是你的责任，你无法帮助他们。我不希望听到你这样跟顾客说话。而我愿意听到的说话方式是……"

❖ **倾听他们的说法**。重要的是让团队成员参与进来。他们总是抱怨自己的工作，可能是因为他们在家里遇到了一些麻烦事。重要的是让他们想出一个解决办法，而不是让其问题行为继续。如果他们自己想不出来，你可以给出一些建议，你实际在做的是寻求他们的支持。

❖ **不要把问题个人化**。这会是一个挑战，但是你更想做的是与对方讨论其行为，而非其人格。这不是人身攻击，而是与工作相关的行为。你不是在说："你的态度不好"或"你就是一个制造麻烦的人"或"你完全不关心任何人，除了你自己"。正如我之前所说的，要使用更多的"我"。例如，可以这样说："你已经是第三次延迟提交报告了，我对此非常不满。强尼，我愿意听你说说我们可以如何达成共识，让这样的情况以后不再出现。"

相信我，一旦你开始实践这样的做法，你会让自己的生活变得更加轻松，会让员工的压力更小，工作产出更多。下面是其他一些你可以采用的技巧。

↘ 使用客户服务技巧

当管理一名问题员工时，你可以使用应对难打交道的客户时使用的技巧。你可以使用共情技巧。例如，可以这么说：

> "我理解你有这样的感受。在这个市场上去获取更多的商业机会、让客户满意确实是很困难的事。"

重要的是倾听并展现出你正在倾听，这样你会在人际层面对个体有更好的理解，同时也能更好地了解他们是如何处理工作的。这也可能让你洞察他们所以持消极态度并经常抱怨的原因。一些人只是喜欢时不时抱怨一下，你只是倾听这个事实就可以大大减少其消极情绪。因为他们往往只是希望被了解。

↘ 寻找积极面

这是另外一个管理难打交道的或消极的团队成员的方式。尝试关注他们做得好的方面并及时告知。在他们所做的事情里寻找积极的一面，不论这多么微不足道，但不要言过其实。举例来说，如果他们比平日更早来到公司并开始工作，请告诉他们：

> "很高兴看到你，布莱恩。很感谢你能比往常提早开

始工作，我很欣赏你这样做。"

花费更少的时间讨论消极的议题，甚至可以忽视它们。对管理者而言，他们往往是花费 90% 的精力去回应那些消极的工作表现，而只花费 10% 的精力去增强积极的工作表现。

↘ 训练狗狗的启发

不论你是否拥有一只狗，你可能都知道养狗是需要训练培养的。对一只小狗来说，它希望在任何时间、任何地点都可以随意大小便，而不论其是在自己的狗舍还是在其他任何地方。所以对你来说这会是一件具有挑战性的工作，你需要训练小狗识别自己的生理需求，知道不能在屋子里排泄，而应当在外面的某些地方进行。

我曾经同时养过 4 只狗，它们同时都需要进行训练培养。我也常观察他人如何训练自己的小狗。我记得邻居有一次曾新养了一只狗。每当这只小狗在客厅的地毯上或其他一些不适当的地方大小便时，我友善的邻居都会抓住这只狗，一遍一遍地对它说："坏狗狗，脏狗狗！""不许再这样做了！"而且边冲那只可怜的小狗吼叫边摇晃它。所以这只狗自然会很快学会主人的教导，知道怎么做是不好的。在原来的狗舍里这样做也许是可以的，但是在这里显然是无法被接受的。所以接下来会需要花费大量的时间来训练这只狗，让它知道，排泄是可以的，但是必须在室外进行。

另外，聪明如我，当然也希望能让自己对狗的训练尽可能快速有效，所以我采用了一个不同的方法。我密切关注小狗的举动，并且很快就发现它什么时候想要排泄。当发现这一点时，我会迅速抱起它并来到门外。当小狗在花园里完成了排泄之后，我会给予它大量的赞美："做得好！""乖狗狗！"此外，还会对它说大量的表达开心的词语。小狗迅速地开始意识到，当它想排泄时，它会变得非常兴奋并且会跑到通往花园的后门那里去。因为它知道，这意味着大量的好东西：开心、赞美、偶尔会有的巧克力，当然，还有生理上的轻松。

可是，这两个故事与应对难打交道的人有什么关系呢？太多的管理者花费大量的时间聚焦于团队成员可能做得不好的事情上。他们相信，他们的角色是来处理那些他们认为可能会出问题的事情。从积极的一面来说，他们可能会采用在岗培训和后续培训来试图解决问题。但是，许多管理者采取的态度是对待坏狗狗的态度，他们总认为员工会在私底下故意使坏。

当你花时间与团队成员相处时，要去倾听他们说的话，观察他们的行为。当你看到或听到他们有好的表现，要立即给予他们一些积极反馈。正如《一分钟经理人》书中所说：

> "要及时发现他人不错的表现。"

　　这并非让你忽视不良表现，而是要更多关注员工的良好表现。这样做会鼓励员工展现出更多的良好工作表现，减少不良表现。要这么想：赞扬而非惩罚。

　　　　如果你反馈良好的行为，你就会得到更多良好的行为表现。

　　　　如果你反馈不良行为，你就会得到更多的不良行为表现。

　　当然，必须要说的是，一些难打交道的人可能不会对教练行为有所回应，所以下面我会介绍一些进一步的思考。

↘ 员工表现不佳的原因

　　我的第一份工作是做一名见习工程师，我很快意识到，与我一起见习的一些同事不应该做这份工作，因为他们在做工程师方面既没有天赋也没有能力。当时那个年代，员工筛选技术还不够成熟。所有见习工程师都是由一位工长来面试的，而如果他喜欢你的长相，那么你就会得到这份工作。

　　对我来说，很幸运的是，面试我的工长在业余时间是一位少年军的队长。我是另外一家少年军公司的成员，所以，我得到了这份工作。不论是我，还是其他见习的同事们，都没有经过任何对我们能力的考核，或做过对我们是否具有成为工程师的天赋的测试。许多原本不该成为工程师的见习人员进到这个领域里来。但是，他们中的大多数人勉力维持，以满足培训时长后拿到工程师资格。问题是，他们之后并没有成为一名特别优秀的工程师，而且也工作得并不开心。

我曾遇到过沟通很差的客服人员，不会拼写的文秘人员，不会读设计图的工程师，无法修好管道的管道工。如果你的团队中有这类没有能力从事本职工作，也没有能力学习提高的成员，他们会给你的生活带来很多麻烦，然后你还需要为他们安排他们能胜任的其他工作，或建议他们离职，让他们另谋出路。这可能看起来冷酷无情，而且辞退员工通常也不是一件简单轻松的事，但是如果在工作上用人不当，是无法达成你预期的工作成果的。而且公司也会因此受到影响，同时还存在团队其他成员的动机下降的风险。他们不会希望在自己的团队里看到不能胜任工作的成员。

我的一位客户意识到，客服部门里新来的员工不能应对来自难打交道的顾客带来的压力，而且这是无法通过培训解决的，所以他们给这位员工调岗，让他负责商品报价，而不需要直接与顾客沟通。

你需要做的是让一位不适合某项工作的员工能转岗到他们

能胜任的工作，或让他离开你的团队。

我曾经在三家公司任经理一职，且在每家公司工作时，我接手的团队里都有不适合这份工作的员工。我发现，团队里通常会有三种类型的员工。第一类是好员工，他们能做好自己的工作，也不会给我带来任何麻烦。第二类员工需要多一点关注，需要更多的监督，当然也需要一些相应的教练和培训。第三类员工是那种没有相应的技巧，在个性上也不适合本岗工作的员工，而这种情况是无法通过任何训练或者培训而改变的。我发现，这些员工通常会把自己的状况定义为缺乏成功动机，他们在这样的工作岗位上也无法有任何开心的感受，而如果他们能够调岗到别的职位，他们会感到非常开心的。

你可能会说："艾伦，说起来容易做起来难。"确实如此。但是，成功的经理人需要处理这些问题，做更有利于公司和团队的事。

↘ 写在最后的话

与难打交道的人打交道是一个挑战，但我们在生活中的某些时刻难免会遇到。这个人可能是和你一起工作的同事，可能是你的雇主，也可能是你的员工。在你的个人生活里，你的朋友、家人或邻居，可能在某些时刻也会让你感觉难打交道。我在本书里一直强调，未雨绸缪。如果你持续牙痛，毫无疑问你会迅速跑到牙科去处理这个问题。但这会给你带来身体上的痛苦和经济上的损失。更好的办法是每天早晚两次规律地刷牙，常常使用牙线以及每年两次做牙科检查。但是有些人会觉得做这些事情太麻烦了，他们宁愿冒着可能会牙痛的风险也要偷懒。但是，只要你在行为上做出一点小小的改变，它们就会变成习惯，而这会让你的生活轻松许多，降低你可能遇到难打交道的人的机会（而不是完全杜绝牙痛）。

选择自己的行为——不要允许他人为你做选择。不要让自己被他人所说或所做影响。在你说话和行动前，先切换到你的思考模式。在需要坚定的时候选择自信坚定，不要让自己顺从或有攻击性，这会让你的生活变得更加艰难。

成为一位有力量的说服者，需要你发展自己的能力去推销你自己。说服他人的过程需要更好的倾听技巧和在情绪层面与人沟通的能力。

当面对一位难打交道的人时，不论其是同事还是顾客，你需要牢记的是，他们可能和你看待世界的角度不同。共情其观点和提供解决方案是有利于双赢的。

祝你们成功！

好书推荐

基本信息

书名：《阅己：做自己的心理顾问》
作者：若杉
定价：49.00 元
书号：978-7-115-47030-0
出版日期：2017 年 10 月

推荐理由

★ 本书内容是大家关注的热点话题。现代人的孤独、焦虑、愤怒情绪管理、原生家庭、亲密关系、友谊维护，以自律的精神努力实现自己的梦想。

★ 书中的故事，来自生活中周围人，有代入感。

★ 文笔优美，可读性强。

书评

浮躁的网络时代，作者没有急于网红，走故作惊人之语的路线，而是将她所接受的咨询伦理的训练和教育充分体现在其节制和有所为、有所不为的文笔中。

——涂凯文

我是谁，大概是满足了饥饿肚皮之后人们最关注的事情。若杉笔触温柔但观点犀利地诠释了城市中各种的哭声与喃喃自语。我们细听，就可以从中听到自己的心事。

——黄伟强（壹心理创始人）

如果一个人懂得了自己，就理解了关系，也就能创造自己独一无二的生命质感。若杉以她专业的背景为依托，借助她细腻隽永的文字，像一位邻家的姐姐，向你娓娓道来如何理解自己、找到自己，是一部欣赏性和可读性兼具的优秀作品。

——周丽瑗（《亲密关系 在爱中找回自己》作者）

编辑电话：010-81055679　　读者热线：010-81055656　010-81055657

好书推荐

基本信息

书名：《交往的艺术：社交智商与沟通力训练》

作者：大卫·约翰逊

定价：65.00 元

书号：978-7-115-45447-8

出版日期：2017 年 5 月

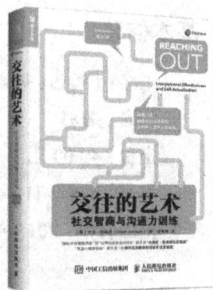

推荐理由

★ 全球畅销 45 年，再版 11 次，被翻译成 20 多种语言。

★ 增补了网络交往的部分，将网络心理学的最新研究应用到实践中。

★ 作者将自己十分擅长的冲突管理独立成章，充分展开，让"和为贵"能真正通过冲突管理得以实现。

书评

本书涉及的人际交往技能，是发展和维持任何关系的根本，无论是家人关系、朋友关系，还是职场关系。我们日常经历的各种人际问题和职场问题，大多是由于缺乏沟通技巧、缺乏信任、缺乏自我开放、缺乏冲突管理技巧、缺乏愤怒和压力管理方法所造成的。

亚马逊读者评论 1

本书将复杂的人际互动拆解为若干基本元素，利于学习掌握。我在公立中小学所有年级和大学的课堂上、在治疗团体以及家庭会议中均使用过本书。事实证明，在帮助他人改善人际关系方面，本书提供的方法效果显著。

亚马逊读者评论 2

每个人都应该拥有本书。生活中最美妙的事情莫过于学会如何跟别人交往，不吼叫、不指责、客观表达自己的观点。

亚马逊读者评论 3

编辑电话：010-81055679　　读者热线：010-81055656　010-81055657